Forschungsschwerpunkt Moderner Orient
Förderungsgesellschaft Wissenschaftliche Neuvorhaben mbH

■ Heike Liebau

Die Quellen
der Dänisch-Halleschen Mission
in Tranquebar in deutschen Archiven.
Ihre Bedeutung für die Indienforschung

Arbeitshefte Nr. 2

Verlag Das Arabische Buch

Die Deutsche Bibliothek - CIP-Einheitsaufnahme

Liebau, Heike:
Die Quellen der Dänisch-Halleschen Mission in Tranquebar in deutschen Archiven: ihre Bedeutung für die Indienforschung/
Heike Liebau. - Berlin: Das Arabische Buch, 1993
   (Arbeitshefte Forschungsssschwerpunkt Moderner Orient; Nr.2)
   ISBN 3-86093-028-1
NE: GT

Forschungsschwerpunkt Moderner Orient
Förderungsgesellschaft Wissenschaftliche Neuvorhaben mbH

Kommissarischer Leiter:
Prof. Dr. Peter Heine

Prenzlauer Promenade 149-152
13189 Berlin
Tel. 030 / 4797319

ISBN 3-86093-028-1
ARBEITSHEFTE

Bestellungen:
Das Arabische Buch
Horstweg 2
14059 Berlin
Tel. 030 / 3228523

Druck: Druckerei Weinert, Berlin
Printed in Germany 1993

INHALT

Zur bisherigen Nutzung und Bearbeitung der Quellen   5
Besonderheiten der Dänisch-Halleschen Mission
    in Südindien   10
Bemerkungen zu Struktur und Inhalt der Quellen   15
Einrichtungen mit Quellen zur Tranquebar-Mission   20
Alte Quellen - neue Fragen   30

Bibliographie   41
Verzeichnis der Karten und Abbildungen   46

Anhang
1. Materialien im Archiv der Franckeschen Stiftungen in Halle   47
2. Materialien im Archiv der Evangelisch-Lutherischen
   Mission in Leipzig   48
3. Materialien im Archiv der Brüder-Unität in Herrnhut   50
4. Materialien in der Handschriftenabteilung der Staatsbibliothek Preußischer Kulturbesitz, Berlin   51

ZUR BISHERIGEN NUTZUNG UND BEARBEITUNG DER QUELLEN

Die Menge verschiedensprachiger Quellen und Literatur zu Problemen der Entwicklung Indiens im 18./19. Jahrhundert ist in ihrem gesamten Umfang von dem einzelnen Indienwissenschaftler kaum nutzbar.

Sprachliche Grenzen, die dem Forscher schon von vornherein eine gewisse Selektion vorschreiben, sind jedoch oftmals nicht der einzige Grund für das Nichtberücksichtigen vorhandener Primärquellen zu spezifischen Problemen. Quellen, die lange Zeit als verschollen galten, oftmals erst Jahrzehnte nach ihrer Entstehung wiederentdeckt wurden, bzw. solche, die schlichtweg wenig bekannt geworden sind, da deren Verbreitung bzw. Nutzung in engem Rahmen (z.B. innerhalb kirchlicher Institutionen) erfolgte, waren der Bearbeitung ohnehin kaum zugänglich.

Geht man von ihrer bisherigen indienkundlichen Nutzung und Bearbeitung aus, erscheinen die deutschsprachigen Primärquellen ohnehin vergleichsweise unbedeutend. Neben einigen Reiseberichten handelt es sich hierbei vornehmlich um Missionsdokumente, die außerhalb traditioneller Leserkreise nur geringe Verbreitung erfuhren und die dadurch den heutigen Indienwissenschaftlern größtenteils unbekannt sind.

Letzteres trifft weitgehend auch auf die im Mittelpunkt der folgenden Betrachtungen stehenden Materialien der Dänisch-Halleschen Mission in Südindien zu.

Angesichts berühmter im 18. Jahrhundert wirkender deutscher Gelehrter und Indienkundler wie Matthias Christian Sprengel (1745-1803), Johann Reinhold Forster (1729-1798) und Johann Georg Forster (1754-1794) sowie der seit dem Beginn des 19. Jahrhunderts einsetzenden Traditionslinie der deutschen Indologie mit Franz Bopp (1795-1867), Friedrich Schlegel (1772-1829) usw. ist man verständlicherweise geneigt, die Verbindung zurück zum Beginn des 18. Jahrhunderts, dem Einsetzen der Dänisch-Halleschen Mission, zu suchen oder zumindest nach einer späteren Be- und Verarbeitung der speziell von diesen Missionaren ausgearbeiteten Studien zu fragen.

Obgleich dieser Frage bisher nicht umfassend nachgegangen wurde, kann eine Kontinuität in der Entwicklung der deutschen Indienkunde auf der

Basis der frühen Missionsmaterialien des 18. Jahrhunderts - von einigen Ausnahmen abgesehen - wahrscheinlich verneint werden. Nur wenige wissenschaftliche Werke der Halleschen Missionare wurden nach ihrer Entstehung in umfassender Weise weiter genutzt bzw. weiterentwickelt und konnten somit direkt die europäische Wissenschaftsentwicklung beeinflussen.[1]

Die Entwicklung der deutschen Indologie im 19. Jahrhundert vollzog sich eher auf Umwegen über die Auswertung, Übersetzung und Bearbeitung bereits erschienener englischer oder anderssprachiger europäischer Werke. Matthias Christian Sprengel verfaßte seine berühmten Werke zu Indien ohne eigene unmittelbare Indienerfahrung, auf der Basis ihm zugänglicher, vorwiegend englischsprachiger Literatur. Von ihm erschienen u.a.: 1776 "Kurze Schilderung der Großbritanischen Kolonien"; 1784 " Das Leben Hyder Ali's"; 1786 "Geschichte der Maratten bis auf den letzten Frieden mit England den 17. May 1782"; 1800 Übersetzung von Franklins "Geschichte Shah Allums, Kaisers von Hindustan 1759-1794". Von dem Naturforscher und Weltumsegler Johann Reinhold Forster erschien neben naturwissenschaftlichen Werken 1798 eine Übersetzung aus dem Französischen unter dem Titel: "Des Fra Paolini da San Bartholomeo Reise nach Ostindien". Dessen Sohn wiederum, Johann Georg Forster, wurde u.a. durch die Übersetzung der "Sakontala oder der entscheidende Ring, ein indisches Schauspiel von Kalidas" aus dem Englischen berühmt. Johann Salomon Semler (1725-1791) übersetzte die "Allgemeine Welthistorie in Neuern Zeiten" aus dem Englischen ins Deutsche.[2]

Sprachwissenschaftliche Arbeiten entstanden auf der Grundlage des Sanskrit, nicht aber südindischer dravidischer Sprachen. Friedrich Schlegels Werk "Über die Sprache und Weisheit der Indier", 1808, war von grundlegender Bedeutung für die Ausbreitung der Sanskritforschung in Deutschland. Franz Bopp, Begründer der vergleichenden Sprachwissenschaft, baute seine Arbeit "Über das Conjugationssystem der Sanskritsprache in Vergleichung mit jenem der griechischen, lateinischen, persischen und germanischen Sprachen....", Frankfurt, 1816, ebenfalls auf der Basis des Sanskrit als wichtigster Bezugsebene auf.

Dieser Umstand mag angesichs der in Deutschland selbst vorhandenen Quellen in Gestalt der von deutschen Missionaren geleisteten "Vorarbeiten" merkwürdig erscheinen, ist aber wahrscheinlich sowohl mit dem

Verhalten der missionstragenden Einrichtung selbst, die ein Zusammenwirken kirchlicher und weltlicher Forschungen verhinderte und die von kirchlichen Mitarbeitern (sprich Missionaren) geleisteten Arbeiten gewissermaßen vor einer größeren Öffentlichkeit verbarg, als auch im Bestreben jüngerer Wissenschaften, sich unabhängig von der Theologie zu entwikkeln, zu erklären.

Damit läßt sich allerdings noch nicht die Frage nach der so späten Entdeckung der Missionsquellen für moderne indienkundliche und andere fachspezifische (etwa pharmakologische, ethnographische, linguistische) oder wissenschaftshistorische Forschungen beantworten, denn bis in die Gegenwart hinein wurden diese Quellen vorwiegend unter missionswissenschaftlich relevanten Fragestellungen bearbeitet und ausgewertet.

Die Ursachen für diese Entwicklung müssen in der Geschichte der missionswissenschaftlichen Forschungen an sich gesucht werden. Ausgangspunkt diesbezüglicher Überlegungen ist die sog. traditionelle Missionswissenschaft mit ihrer Begrenztheit, die fachübergreifende Zusammenhänge kaum in Betracht ziehen kann. H.-W. Gensichen umreißt diese Grenzen folgendermaßen: "Erstens kann die Missionswissenschaft die 'Sendungsveranstaltungen' der christlichen Kirche als solche zu ihrem Gegenstand machen, unter Umständen bis zu dem Extrem, daß sie sich als 'Wissenschaft des Missionars für den Missionar' versteht. Sie kann sich dann mit Missionsgeschichte, Missionsgeographie und -statistik, Morphologie und Phänomenologie der Mission und gewiß auch mit der Erforschung und Weiterentwicklung der Missionsmethode befassen."[3]

Dieser Forschungsansatz ist jedoch bereits seit einiger Zeit als zu eng angesehen und in verschiedener Hinsicht erweitert worden, gewissenmaßen in Weiterentwicklung der traditionellen Betrachtungsweise, vor dem Hintergrund einer sich zunehmend verändernden Stellung europäischer Missionare und Missionsgesellschaften gegenüber den sich entwickelnden jungen Nationalkirchen auf den ursprünglichen Missionsfeldern. "Diejenigen", schreibt St. Neill, "die in vergangenen Jahrhunderten Objekte der Mission waren, sind inzwischen handelnde, gestaltende, beobachtende und wertende Subjekte auf dem Weg der christlichen Weltmission geworden."[4] Da es 'Mission' im traditionellen Sinne der vergangenen Jahrhunderte nun nicht mehr gäbe, müsse auch eine entsprechende grundlegende Änderung des Objektes der Missionswissenschaft eintreten, bzw. es müsse ein neuer Name für veränderte Inhalte gefunden werden. Gefordert wird "der Durchbruch zu einem neuen Verständnis von Mission und damit auch zu einer neuen Weise, Missionsgeschichte zu verstehen ".[5]

Dieser Ansatz, der missionsgeschichtliche Forschungen zwar in einen breiteren gesellschaftlichen Kontext stellt, bleibt aber im Rahmen theologischer Beschäftigung mit der Missionsgeschichte bzw. Missionsproblematik an sich begrenzt. Gesellschaftliche und soziale Veränderungen in den Wirkungsgebieten werden nur insoweit berücksichtigt, wie sie in direktem Zusammenhang mit der Missionstätigkeit gesehen werden können.

Das über die theologischen und kirchengeschichtlichen Grenzen hinausgehende bzw. diese Aspekte weitgehend unberücksichtigt lassende profanhistorische Herangehen an missionsgeschichtliche Probleme einschließlich der Auswertung missionarischer Materialien als wissenschaftliche Quellen sowie deren Nutzung für sozialhistorische Untersuchungen gewinnt erst in jüngster Zeit zunehmend an Bedeutung.

Das weite Feld der Missionsgeschichte als Wissenschaftsgeschichte wurde auch in bezug auf die Tranquebar-Mission bisher nur in Ausnahmefällen, punktuell und thematisch begrenzt bearbeitet, obgleich nähere Untersuchungen ergaben, daß man sich durchaus dieser Thematik bewußt war und auf die Notwendigkeit fachspezifischer Forschungen in Verbindung mit dem Gebiet der Missionsgeschichte hingewiesen hat.[6]

Die Bearbeitung wissenschaftlicher Fragestellungen erfolgte zumeist nicht vordergründig unter dem Gesichtspunkt der Geschichte eines Wissenszweiges als Widerspiegelung des Denkens und des Wissensstandes in bestimmten historischen Zeitabschnitten, sondern vielmehr in einem speziellen biographischen bzw. missionshistorischen Zusammenhang, vorrangig als Würdigung herausragender Leistungen einzelner Persönlichkeiten.

Eine umfassende Nutzung der Quellen unter Berücksichtigung sozialhistorischer Fragestellungen erfolgte bisher nicht bzw. nur in Ansätzen.

Obgleich der hier unternommene Versuch, Ursachen für eine bisher einseitige Nutzung von Missionsquellen aufzuzeigen, sicher unvollkommen bleiben muß, weil er gesellschaftliche und politische Entwicklungen zunächst unberücksichtigt läßt, wird doch die Notwendigkeit der Überwindung dieser Einseitigkeit deutlich.

Missionsquellen können wertvolle Forschungsgegenstände nicht nur für Missionswissenschaftler, sondern in hohem Maße auch für Landeskundler, Historiker, Ethnologen und Philologen sein und sollten als solche stärker genutzt werden.

Was die Dänisch-Hallesche Mission in Südindien betrifft, so mögen zwar Missions-, Kirchen- und Religionshistoriker mit diesem Begriff sofort jene umfangreichen Quellen assoziieren, die sich in verschiedenen Archiven in Deutschland, Dänemark, Großbritannien und Indien befinden, nicht aber Vertreter anderer Wissensgebiete, die sich unter unterschiedlichen Fragestellungen auch mit der Entwicklung Indiens, insbesondere Südindiens, im 18./19. Jahrhundert befassen.

In erster Linie an die Letztgenannten ist der vorliegende Artikel gerichtet. Das Hauptanliegen besteht in einer Beschreibung der Missionsquellen unter dem Gesichtspunkt ihrer möglichen sozial- und wissenschaftshistorischen bzw. fachspezifischen Nutzung und Auswertung.[7] Dies scheint mir trotz aller bereits existierenden Quellen- und Literaturverzeichnisse[8] um so nötiger, als die bisherige Auswertung der betreffenden Materialien, wie gesagt, bisher stets punktuell, biographisch oder thematisch abgegrenzt erfolgte. Eine Koordinierung der Forschungen bzw. gar eine systematische Planung derselben innerhalb eines größeren Rahmens gab es nicht. Dadurch konnte es auch nicht zu der notwendigen Kontinuität bei der Aufarbeitung der Quellen sowie zu einer breiten Kooperation interessierter Wissenschaftler kommen.[9]

Diese Tatsache hat sich bis heute nicht grundlegend geändert. Das ist um so bedauerlicher, als sowohl der derzeitige Erhaltungszustand der Quellen wie auch die bisherigen Bearbeitungsergebnisse eine Koordinierung der Aktivitäten und die Zusammenarbeit von Missionshistorikern (in erster Linie Theologen, Pfarrer und ehemalige Missionare) und Indienwissenschaftlern im weitesten Sinne dringend erforderlich machen. Im Grunde genommen ist zunächt eine Art "verspätete Grundlagenforschung" zu leisten, die durch Quellenerschließung, -bearbeitung und -edition in internationaler Kooperation eigentlich erst die Voraussetzung für eine wünschenswerte breite Auswertung sein kann. Außerdem ist es an der Zeit, die auf der Grundlage von Quellen der Tranquebar-Mission laufenden Forschungen zu systematisieren und dabei den missionshistorischen Problemkreis um vielfältige fachspezifische Untersuchungen zu erweitern.[10]

BESONDERHEITEN DER DÄNISCH-HALLESCHEN MISSION IN SÜDINDIEN

Die Tranquebar-Mission nimmt, geht man von der Entstehungszeit und den historischen Begleitumständen ihrer Entwicklung aus, eine Sonderstellung unter den deutschen Missionen ein.

Im frühen 18. Jahrhundert auf Betreiben des dänischen Königs ins Leben gerufen, gab es für sie keine deutsche Missionsgesellschaft als Trägereinrichtung. Die gesellschaftlichen Voraussetzungen, unter denen im 18./19. Jahrhundert von Halle aus missioniert wurde, waren wesentlich andere als die, unter denen spätere deutsche Missionsgesellschaften seit Ende des 19. Jahrhunderts gearbeitet haben. Berücksichtigt man die Stellung der Mission zu den Kolonialmächten, lassen sich auch aus diesem Umstand entsprechende Konsequenzen ableiten. Die Tranquebar-Mission entstand auf Wunsch des damaligen dänischen Königs Friedrich IV. zu einer Zeit, als von deutschem Boden noch keine erfolgreichen kolonialen Bestrebungen ausgegangen waren. Frühere Versuche, u.a. auch Tranquebar als Kolonie eines deutschen Teilstaates zu erwerben, waren gescheitert. Tranquebar hatte bereits um 1650 eine interessante Rolle in den außenpolitischen Plänen des damaligen Kurfürsten von Brandenburg Friedrich Wilhelm I. zur Errichtung einer eigenen brandenburgischen Flotte gespielt. Nachdem Brandenburg auf ein 1634 gemachtes Angebot, der schwedischen Handelsgesellschaft beizutreten[11], nicht reagiert hatte und sich die Beziehungen zu Schweden kompliziert gestalteten, richtete Friedrich Wilhelm I. im Jahre 1647 seinen Blick direkt auf Indien, genauer gesagt auf die von Dänemark zum Verkauf angebotene Handelskolonie

Tranquebar. Sie sollte der Stützpunkt der zu gründenden eigenen Handelsgesellschaft werden. Neben den ökonomischen Plänen hatte man auch die Absicht, den reformierten Glauben unter der Bevölkerung Südindiens zu verbreiten.[12] Die Verhandlungen zwischen Brandenburg und Dänemark zogen sich fast fünf Jahre hin, endeten aber schließlich 1653 ergebnislos.[13]

Der Umstand, daß letztendlich deutsche Missionare für dieses im Ansatz dänische Unternehmen verpflichtet wurden, ist eher einem Zufall geschuldet. Der aus Deutschland stammende pietistische Pfarrer Franz Julius Lütkens (1650-1712), damals Hofprediger in Kopenhagen, war mit der Suche nach geeigneten Missionarsanwärtern beauftragt worden und versuchte diese über Bekannte und Freunde in Deutschland zu finden.[14]

Ideelles Zentrum der Mission war zweifellos Halle, geprägt durch den Einfluß der dortigen Pietisten unter August Hermann Francke (1663-1727). Der überwiegende Teil der entsandten Missionare hatte zumindest eine Teilausbildung in Halle absolviert, so daß man berechtigterweise über den gesamten Existenzzeitraum der Tranquebar-Mission von einem unmittelbaren Einfluß insbesondere religiöser Entwicklungen in Halle auf die Arbeit der Mission ausgehen kann.

Durch das in Kopenhagen arbeitende Missionskollegium wurden in erster Linie organisatorische und entwicklungspolitische Probleme behandelt. Letztendlich unterstanden die Missionare nicht der direkten Befehlsgewalt einer Kolonialmacht bzw. Handelsgesellschaft, sondern waren dem Missionsinspektorat bzw. seit 1714 dem Missionskollegium rechenschaftspflichtig. "Das Missionskollegium erhielt also für den Status der Missionare große grundsätzliche Bedeutung. Sie wurden nun 'königliche Missionare', die aus der königlichen Kasse bezahlt wurden. Die Mission erlangte somit erhebliche Selbständigkeit und Unabhängigkeit... Die Mission war allein dem Kollegium verantwortlich, eine eigentliche bischöfliche Aufsicht über die Mission gab es nicht, die Mission hatte also in der damaligen dänischen Kirchenverfassung eine einzigartige Stellung."[15]

In diesem Zusammenhang soll kurz auf den Platz der Tranquebar-Mission im Spektrum der wechselvollen Geschichte Südindiens im 18./19. Jahrhundert hingewiesen werden. Vor dem Hintergrund rivalisierender europäischer und lokaler indischer Mächte wurde die Entwicklung der Mission in vieler Hinsicht von aktuellen politischen Ereignissen geprägt. Obgleich zunächst auf dänischem Gebiet arbeitend und nicht direkt in die Auseinandersetzungen zwischen Engländern und Franzosen einbezogen, waren die Missionare insbesondere seit der 2. Hälfte des 18. Jahrhunderts stärker von den Auswirkungen der Kampfhandlungen betroffen. Zu diesem Zeitpunkt waren bereits weitere Missionsstationen entstanden (u.a. 1726 Madras, 1737 Cuddalore, 1772 Tanjore). Während der Maisurischen Kriege 1780-1783 zwischen den Engländern auf der einen Seite und den Herrschern von Maisur Haidar Ali und Tipu Sultan auf der anderen war der in Tanjore arbeitende Missionar Christian Friedrich Schwartz (1726-1798) als Vermittler und Dolmetscher direkt in die politischen Ereignisse seiner Zeit einbezogen.

Auch die Gestaltung der Beziehungen zwischen den Missionaren und den verschiedenen indischen Herrscherhäusern, insbesondere dem jeweiligen Raja von Tanjore, ist nur im Zusammenhang mit den machtpolitischen Auseinandersetzungen dieser Zeit zu verstehen und immer vor diesem Hintergrund zu beurteilen. So hatte z. B. Benjamin Schultze (1689-1760) schon in den 20er Jahren briefliche Kontakte zum Tanjorschen Herrscherhaus, man tauschte Geschenke aus, lernte sich zu dem Zeitpunkt aber noch nicht persönlich kennen. Jahrzehnte später entwickelte dann Christian Friedrich Schwartz sehr intensive Beziehungen zur königlichen Familie.

Durch diese Entstehungsgeschichte und die spätere Entwicklung bedingt, ergibt sich die weite territoriale Verzweigung der Quellen zu dieser Mission, die für den Bearbeiter nicht nur Schwierigkeiten bringt, sondern in gewisser Hinsicht auch eine Herausforderung darstellt. Neben den Missionsarchiven in Halle und Kopenhagen gelangten auch Dokumente nach London, zumal einzelne Missionare in den Dienst der englischen Society for Promoting Christian Knowledge getreten waren.[16] Die Archivstandorte in diesen drei Städten werden ergänzt durch andere Institutionen, an die aufgrund historischer Entwicklungen Materialien aus Tranquebar gelangten. Eine umfassende Bearbeitung der Quellen würde also - wie im folgenden zu erläutern sein wird - nicht nur die Erschließung der Archive in den direkten Bezugsorten Halle, Kopenhagen und London voraussetzen, sondern die zusätzliche Bearbeitung indirekt mit der Tranquebar-Mission verbundener Archive und Einrichtungen (z.B. Leipzig, Herrnhut, Berlin) erfordern, ganz abgesehen von weiteren Institutionen (z.B. Stadtarchiv

Pulsnitz, Leopoldina in Halle, spezielle Nachlässe[17]), die man bei der konkreten Bearbeitung einzelner Missionare mit in Betracht ziehen müßte.

Die hier in den Mittelpunkt gerückten Tagebücher und wissenschaftlichen Arbeiten der Halleschen Missionare des 18. bzw. des frühen 19. Jahrhunderts sind nicht ohne Einschränkungen mit anderen Quellen vergleichbar. Zu berücksichtigen ist einerseits der ideelle, pietistisch geprägte Hintergrund, der maßgeblichen Einfluß auf die Denk- und Verhaltensweisen Hallescher Missionare in Indien hatte. Andererseits sind Bewertungsmaßstäbe auch nach dem objektiven Stand der Wissenschaftsentwicklung in Verbindung mit der entsprechenden Ausbildung der Missionare anzulegen. Die Vertreter der Dänisch-Halleschen Mission hatten zumeist eine Ausbildung an einem Gymnasium abgeschlossen und größtenteils Theologie und Sprachen, später auch Naturwissenschaften studiert.[18]

Deutlich muß ebenfalls der Unterschied dieser Missionsquellen zu zeitgenössischen Reiseberichten hervorgehoben werden. Im Gegensatz zu den "normalen", die Landessprache nicht sprechenden Reisenden hatten die meisten Missionare durch die Überwindung der Sprachbarrieren engeren Kontakt zur einheimischen Bevölkerung, ja sie waren im Interesse ihrer Tätigkeit auf diese Kontakte angewiesen. Sprache war für sie wichtiges Arbeitsmittel.

Obgleich ihre Hauptstandorte Tranquebar, Madras und Cuddalore Küstenstädte waren und als solche einen hohen Anteil ausländischer Bevölkerung hatten, kamen die Missionare auf ihren ständigen Reisen und Wanderungen in engen Kontakt mit der Bevölkerung im Landesinneren, was Reisenden nur begrenzt möglich war.

Nicht zuletzt sei der beträchtliche Umfang des vorhandenen und auszuwertenden Aktenmaterials als ein Grund genannt, der m. E. schon im Interesse einer soliden und sachlichen Aufarbeitung diese Einschränkungen auferlegt, wobei der hier vorgenommenen Charakterisierung der in Deutschland relevanten Archive eine Beschreibung der entsprechenden dänischen, britischen und indischen Einrichtungen[19] unter gleichen Gesichtspunkten folgen muß.

GRAMMATICA DAMULICA,

Quæ
per varia paradigmata, regulas & necessarium vocabulorum apparatum,

VIAM BREVISSIMAM
monstrat,

Qua
LINGUA DAMULICA
Seu MALABARICA, quæ inter Indos Orientales in usu est, & hucusque in Europa incognita fuit, facile disci possit:

in

Usum eorum
Qui hoc tempore gentes illas ab idololatria ad cultum veri Dei, salutemque æternam Evangelio Christi perducere cupiunt:

In itinere Europæo, seu in nave Danica, concinnata

a
BARTHOLOMÆO ZIEGENBALG,
Serenissimi Regis Daniæ Missionario inter Indos Orientales, & ecclesiæ ex Indis collectæ Præposito.

HALÆ SAXONUM
Litteris & impensis Orphanotrophei M D CC XVI.

BEMERKUNGEN ZU STRUKTUR UND INHALT DER QUELLEN

Als Francke 1704 die ersten Missionare auswählte und in den folgenden Jahren weitere junge Männer auf ihren Dienst in Indien vorbereitete, erwartete er von ihnen natürlich keine wissenschaftlichen Untersuchungen, sondern lediglich Tätigkeitsberichte über die Entwicklung der Mission. Was dann in den 150 Jahren bis ca. 1830 gesammelt und aufbewahrt wurde, sind allerdings weit mehr als nur Missionsberichte. Es sind die Ergebnisse jahrzehntelangen Wirkens unterschiedlich begabter und interessierter Missionare in Südindien, die nicht nur in Tagebüchern und Briefen, sondern auch in Grammatiken, Wörterbüchern, literarischen, religiös-philosophischen, klimatischen und medizinischen Studien ihren Ausdruck finden.

Man kann das Verdienst Franckes und seiner Mitarbeiter nicht leugnen, diese Materialien gesammelt, aufbewahrt und systematisiert zu haben. Gleichzeitig wird man allerdings nach Versäumnissen und Grenzen fragen müssen, die einer Veröffentlichung und Aufarbeitung vieler Schriften durch deutsche Gelehrte entgegenstanden. Ohne in diesem Zusammenhang die Rolle finanzieller Gesichtspunkte (Geldmangel, zweckgebundener Einsatz der Spenden) leugnen oder unterschätzen zu wollen, kann man wohl auch von einer Zensur der Berichte unter dem Gesichtspunkt des Nutzens für das Missionswerk an sich sprechen.

Die seit 1710 regelmäßig veröffentlichten sogenannten Halleschen Berichte (HB) enthalten zwar einen großen Teil der Diarien, Briefe und Aufzeichnungen der Missionare, besitzen demzufolge zweifellos einen hohen Quellenwert, sind aber nicht nur lückenhaft hinsichtlich der Veröffentlichung einzelner Dokumente,[20] sondern berücksichtigen einzelne geschlossene Arbeiten von Missionaren oftmals gar nicht. Diese wurden, wenn sie nicht als eigenständiges Werk in der Missionsdruckerei in Tranquebar bzw. in der Druckerei des Waisenhauses in Halle veröffentlicht werden konnten, entweder erst viel später gedruckt[21] oder liegen bis heute nur in handschriftlicher Form vor. Eine Aufzählung aller Schriften, auf die dieses Schicksal zutrifft, ist an dieser Stelle nicht möglich. Z.T. läßt sich anhand der Handschriftenkartei im Archiv der Franckeschen Stiftungen auch nicht definitiv feststellen, ob diese oder jene Schrift im

Druck vorliegt. Sofern sie nicht als eigenständiges Werk gedruckt wurde, ist also jedesmal ein Vergleich mit den entsprechenden Bänden der HB bzw. der NHB vorzunehmen.[22]

Bei den hier allgemein mit Missionsquellen bezeichneten Dokumenten handelt es sich um Tagebücher, Korrespondenzen bzw. einzelne zusammenhängende Werke von Missionaren zu unterschiedlichen Themen sowie um Zeichnungen, Karten und Naturalien.

Diarien

Zu den Obliegenheiten des Missionars gehörte das regelmäßige Führen eines Tagebuches, welches dann als eine Art Tätigkeitsbericht in regelmäßigen Abständen nach Halle geschickt wurde. Von den Halleschen Missionaren wurden zwei Formen von Diarien verfaßt. Es gab die sogenannten Dienstdiarien, die zumeist von mehreren an einem Ort arbeitenden Missionaren geschrieben wurden und in erster Linie die Entwicklung der Missionstätigkeit konkret in dieser Station darstellten. Darüber hinaus wurden von fast allen Missionaren auch mehr oder weniger persönliche Tagebücher verfaßt, die dann schon differenziertere Ansichten und Erlebnisse widerspiegeln und in der Regel ausführlicher als Gemeinschaftsdiarien waren.

Im Unterschied zu Reisebeschreibungen sind die Tagebücher von Missionaren in der Regel über einen langen Zeitraum hinweg entstanden. Die Diarien der Tranquebar-Mission umfassen faktisch den Zeitraum von 1706 bis ca. 1835. Sie reflektieren somit nicht nur einmalige Eindrücke und Beobachtungen, sondern Denkabläufe, meinungsbildende Prozesse der Missionare, Entwicklungen und Veränderungen im gesellschaftlichen Umfeld der Missionare. Sieht man einmal von den eigentlichen Aussagen zur Missionstätigkeit ab, bieten diese Berichte eine Fülle von Informationen u. a. zu folgenden Problemkreisen:

- Religion, Kastenfrage. Das Verhältnis der christlichen Mission zu den indischen Kasten war häufig Ursache von Meinungsverschiedenheiten unter den Mitarbeitern der Dänisch-Halleschen Mission. Diese Debatten setzten sich in der Leipziger Mission fort und führten auch zu heftigen Auseinandersetzungen mit Vertretern englischer Missionen.

- Bräuche, Lebensweise. Durch jahrelangen täglichen Kontakt mit der einheimischen Bevölkerung waren viele Missionare in der Lage, von ihnen ursprünglich lediglich als "kurios" empfundene Begebenheiten nach deren Bedeutung und Hintergrund zu befragen und in entsprechender Ausführlichkeit und Sachlichkeit zu beschreiben.

- Sozial-ökonomische Verhältnisse. Der Wirkungszeitraum der Dänisch-Halleschen Mission in Südindien war geprägt durch ständige gesellschaftliche Veränderungen und Erschütterungen, die sich teilweise in extremen Notlagen der Bevölkerung niederschlugen. Auf ihren Wanderungen durch die Dörfer machten viele Missionare sehr genaue Notizen zu Besitzverhältnissen, Zoll- und Steuerbestimmungen, zu beruflicher und sozialer Zusammensetzung der Einwohnerschaft.

- Politische Ereignisse. In diesem Zusammenhang spielen insbesondere die Aufzeichnungen von Christian Friedrich Schwartz eine Rolle, der als Unterhändler zwischen den Herrschern von Maisur und den Engländern zeitweise unmittelbar in das politische Geschehen integriert war.

- Sprachen im Wirkungsgebiet. Zahlreiche, meist noch nicht ausgewertete Werke der Halleschen Missionare sind den verschiedenen Sprachen Südindiens, in erster Linie dem Tamil gewidmet. Neben Grammatiken und Wörterbüchern existieren auch kleinere Arbeiten zu speziellen Problemen.[23]

- Geographie, Klima, Flora und Fauna. Der Arbeitsplan der Missionare beinhaltete regelmäßige Reisen bzw. Wanderungen ins Landesinnere. Diese wiederum wurden meistens mit genauen Ortsbezeichnungen und -beschreibungen in den Tagebüchern festgehalten. Die gleiche Genauigkeit legten einzelne Missionare bei der Beschreibung seltener Tiere und Pflanzen sowie bei Klimabeobachtungen[24] an den Tag.

- Medizin. Da zumindest die seelsorgerische Betreuung von Kranken und Sterbenden ein wichtiger Tätigkeitsbereich der Missionare war, stieß man dabei auch auf Erfahrungen indischer Heilkunst, die nach Europa übermittelt wurden.[25] Außerdem wurden regelmäßig Missionsärzte ausgesandt, deren Diarien und Briefe ebenfalls zum Quellenbestand der Dänisch-Halleschen Mission gehören.

Briefe

Briefe bieten eine interessante Ergänzung zu den Diarien. Hier wurden bestimmte Ereignisse und Erscheinungen z.T. wesentlich ausführlicher wiedergegeben, auch wurde, in Abhängigkeit vom Adressaten, oftmals freimütiger berichtet. Die Briefe waren nicht wie die Diarien nur ein Monolog des Missionars. Sie waren teilweise Reaktionen auf Anfragen und Meinungen aus Europa bzw. enthielten in umgekehrter Weise konkrete Anliegen und Informationen an konkrete Personen. Auch der Briefwechsel bezog sich bei weitem nicht nur auf missionarische Probleme. Insbesondere seit der zweiten Hälfte des 18. Jahrhunderts entwickelten sich fachspezifische Korrespondenzen zwischen Missionaren in Indien und Gelehrten unterschiedlicher Wissensgebiete in Europa.[26] Auch in bezug auf das Privatleben der Missionare sind die Briefe natürlich viel aussagekräftiger als die Diarien. Viel Persönliches wurde allerdings im Druck weggelassen und ist lediglich im handschriftlichen Original nachzulesen.

Abgeschlossene Einzelwerke

Von besonderem fachspezifischen bzw. wissenschaftshistorischen Interesse sind die thematischen Stoffsammlungen und analytischen Betrachtungen. Missionare betrieben neben ihrer eigentlichen Tätigkeit oft noch spezielle Forschungen, deren Ergebnisse in erster Linie mehr oder weniger versteckt in den Halleschen Berichten gedruckt wurden bzw. bis heute unveröffentlicht in Handschriftensammlungen lagern. Dementsprechend sind diese Arbeiten auch, solange keine umfassende wissenschaftliche Quellenbearbeitung und -edition erfolgt ist, für fachspezifische thematische Untersuchungen sehr schwer zugänglich. Eine auch nur annähernd vollständige Übersicht über derartige thematische Äußerungen bzw. Aufsätze von Missionaren existiert nicht. Die HB und NHB enthalten zwar in der Regel ein Register, die darin benutzten Sachwörter geben jedoch oft nicht die erforderlichen Auskünfte.

Anders gestaltete sich das Schicksal der bereits früh gedruckten Arbeiten, die nicht nur von den Missionaren in Indien verteilt, sondern auch in Europa genutzt werden konnten. Für eine breite Argumentation hinsichtlich der Wirkung dieser Werke auf die Wissenschaftsentwicklung müßte man allerdings den Weg einzelner Werke rekonstruieren, was bisher nur in Einzelfällen möglich bzw. geschehen ist.[27]

Bei den beschriebenen Quellen handelt es sich zwar überwiegend um von deutschen Missionaren verfaßte Schriften, jedoch nicht ausschließlich.

Von Anfang an organisierten die Missionare eine Ausbildung einheimischer Prediger. Der erste sogenannte "Landprediger" Aaron (1698/99-1745) wurde 1733 ordiniert. Insgesamt wurden durch die Vertreter der Tranquebar-Mission 14 Inder ordiniert.[28] Daneben gab es eine größere Zahl von Katecheten und indischen Missionsgehilfen, die, in ständiger Verbindung zu einzelnen Missionaren stehend, selbständig Aufgaben übernahmen und über deren Erfüllung dann zumeist schriftlich Rechenschaft abzulegen hatten. Auf diese Weise gelangten Briefe, Berichte und Reisediarien indischer Christen mit in den Aktenbestand der Tranquebar-Mission. Diese Dokumente sind z.T. originalsprachig (Tamil), meistens aber von einem Missionar ins Deutsche übertragen worden.[29] Ein Teil ist in den HB bzw. NHB gedruckt.

An dieser Stelle kann nur auf die Existenz dieser Quellen an sich hingewiesen werden. Inwieweit ihr Inhalt aussagekräftig genug ist, um Schlußfolgerungen über die indische Reaktion auf europäisch-christliches Gedankengut zu ziehen, werden konkrete Untersuchungen zeigen müssen.

Nicht vergessen werden sollen hier auch die Bildmaterialien (Kupferstiche, Zeichnungen, Karten, Grundrisse), Naturalien und Palmblatthandschriften, die unbedingt in Zusammenhang mit den Schriftdokumenten zu sehen sind, bisher allerdings - bis auf wenige Ausnahmen - weitaus weniger bearbeitet wurden. Zu den Ausnahmen gehört ein von J. A. Sartorius 1733 nach Halle gesandter viṣnuitischer Klappaltar, der von H. Mode und S. Chandra in "Indian Folk Art" vorgestellt und 1989 von Lydia Icke-Schwalbe umfassend beschrieben und ausgewertet wurde.[30]

In vielen Fällen enthalten Tagebücher, Briefe oder Berichte von Missionaren Hinweise auf Entstehung und Geschichte dieser Materialien. Die Geschichte der im Naturalienkabinett der Franckeschen Stiftungen vorhandenen mit Nägeln gespickten Büßerpantoffeln ist z.B. im Tagebuch von Benjamin Schultze erzählt. Der Missionar ließ sie sich von einem Mann als Beweis für dessen Bereitschaft zur Abkehr vom Heidentum geben.[31]

Diese grundlegenden inhaltlichen und strukturellen Bemerkungen zu den Quellen der Tranquebar-Mission vorausgeschickt, sollen in den folgenden

Abschnitten jeweils nach einer kurzen historischen Einführung die einzelnen Archive vorgestellt werden.

EINRICHTUNGEN MIT QUELLEN ZUR TRANQUEBAR-MISSION

1. Archiv der Franckeschen Stiftungen in Halle[32]

Die reichhaltigste und für eine Bearbeitung aussagekräftigste Materialsammlung befindet sich im Archiv der von August Hermann Francke im Jahre 1695 begründeten Stiftungen selbst. Angesichts der Bedeutung und des Umfangs des Halleschen Archivbestandes mag die folgende Beschreibung im Vergleich zu den Ausführungen über die Archive in Leipzig und Herrnhut sehr kurz erscheinen. Die Fülle des Materials macht allerdings eine detaillierte Auflistung in diesem Rahmen unmöglich, eine Auswahl wichtiger Quellen wäre in jedem Fall subjektiv. Deshalb erschien es sinnvoller, sich bei den Darlegungen zu Halle auf die Angaben zur übergreifenden Systematisierung zu beschränken (siehe Anhang), die kleineren Bestände der anderen Stationen aber umfassender zu beschreiben. Hinzu kommt, daß bei der Beschreibung des Halleschen Archivs hier weitgehend auf die historischen Hintergründe verzichtet werden kann, die bereits im vorangehenden Abschnitt dargelegt wurden.

Entsprechend der ehemaligen Struktur des Gesamtunternehmens der Franckeschen Stiftungen bilden die Missionsdokumente nur einen Teil der aus verschiedenen, ursprünglich selbständigen Archiven zusammengesetzten Einrichtung, die heute die einzelnen Abteilungen des Archivs darstellen:
- das sogenannte Hauptarchiv, früher die Handschriftenhauptabteilung der Stiftungen; diese Abteilung enthält vorrangig Europa- und Deutschland-Korrespondenz,

- das Missionsarchiv, bestehend aus 5 Rubriken, 1-3 Indien, 4-5 Nordamerika,
- das Verwaltungsarchiv mit innerbetrieblichen Akten,
- das Schularchiv.

Von Interesse für die Forschungen zur Tranquebar-Mission sind einzelne Dokumente aus der Handschriftenhauptabteilung und die Rubriken 1-3 des Missionsarchivs.

Missionsarchiv
Die Quellen sind zunächst in einem 6-bändigen "Kurzrepertorium" verzeichnet. Außerdem ist eine genaue Erschließung der einzelnen Stücke durch Karteikarten möglich. Systematisiert wurde im Laufe der Existenz und Erweiterung des Archivs sowohl nach chronologischen und sachlichen als auch nach personellen Gesichtspunkten, so daß man faktisch von verschiedenen Fragestellungen ausgehend die entsprechenden Akten finden kann. Die drei zu Indien gehörenden Rubriken sind in der Signatur mit römischen Zahlen angegeben. Die Rubrik I enthält vorrangig die Lebensläufe und die umfangreiche Korrespondenz der Missionare, Rubrik II Berichte und Diarien, darunter auch spezielle Abhandlungen der Missionare zu unterschiedlichen Themen, Zeichnungen, Landkarten usw. In der Rubrik III sind Dokumente zu organisatorischen und finanziellen Angelegenheiten, wie etwa Kollekten, Spenden, Nachlässe und Erbschaftsangelegenheiten enthalten.[33] Diese Einteilung kann allerdings nur eine grobe Hilfestellung sein, sie wird nicht immer konsequent eingehalten. Bei der Suche nach bestimmten thematischen Dokumenten ist daher eine Prüfung in verschiedene Richtungen geraten. Unterteilt ist jede einzelne Rubrik weiterhin nach speziellen lokalen, sachlichen oder chronologischen Gesichtspunkten (in der Signatur mit Großbuchstaben angegeben). Es folgen die Nummer der Akte und des darin enthaltenen Dokuments (z.B. I B 67:22-24, "Schreiben von Johann Wilhelm Gerlach [von 1775-1778 in Tranquebar, H.L.] an Inspektor Fabricius in Halle vom 31.1.1778 über die Anlegung einer Schule der Sprachen und Wissenschaften in Ostindien").

Handschriftenhauptabteilung
Einige Dokumente zur Mission sind zu verschiedenen Zeitpunkten aus unterschiedlichen, nicht immer erkennbaren Gesichtspunkten in die Handschriftenhauptabteilung aufgenommen worden. So befinden sich hier

abgesehen von Missionsangelegenheiten betreffenden Briefwechsel innerhalb Deutschlands bzw. Europas auch einzelne Arbeiten von Ziegenbalg sowie Diarien von Benjamin Schultze.[34]

Palmblattsammlung
Zum Archiv der Franckeschen Stiftungen gehört auch eine 280 Exponate umfassende Sammlung von Palmblatthandschriften. Trotz ihrer von kulturhistorischem Standpunkt aus gesehenen Einmaligkeit hat sie bisher weder als sprachwissenschaftliches noch als ethnographisches Forschungsobjekt nennenswertes Interesse hervorgerufen. Inhaltlich handelt es sich vornehmlich um Bibelabschnitte. Darunter sind 188 Palmblätter in Telugu und 88 in Tamil verfaßt.[35] Die Handschriften stammen aus dem Zeitraum von 1726-1741, vermutlich zum großen Teil von Benjamin Schultze, bzw. wurden in dessen Auftrag angefertigt.[36]

Die Handschriftensammlung in den Franckeschen Stiftungen wird ergänzt durch die umfassenden Bestände der 1698 gegründeten Hauptbibliothek. Darunter befinden sich zahlreiche seltene Früh- und Erstdrucke aus der Druckerei des Waisenhauses innerhalb der Stiftungen. Eine abgeschlossene Sondersammlung der Hauptbibliothek stellt die Missionsbibliothek dar, die einen einzigartigen Bestand an früher Missionsliteratur aufzuweisen hat. Zur Missionsbibliothek gehören auch zahlreiche Werke in Tamil.[37]

2. Archiv der Evangelisch-Lutherischen Mission zu Leipzig[38]

Halles Stellung als geistiges Zentrum und wichtigste Dokumentationsstelle der Tranquebar-Mission in Europa belegt zwar die Einzigartigkeit des dort vorhandenen Materials, jedoch noch nicht die Vollständigkeit und Ausschließlichkeit der Quellen zu eben dieser Mission.

Erstens war Halle nur bis etwa 1830 wichtigster Bezugsort für die größtenteils dort ausgebildeten Missionare, zweitens gab es auch vorher schon außer Halle andere offizielle Einrichtungen bzw. Persönlichkeiten, zu denen zumindest einzelne Missionare Kontakte hatten, und drittens gibt es Aussagen Außenstehender über die Dänisch-Hallesche Mission in Südindien.

L. J.

Zur Herrn Theu'ersten Brüder H. Ubele Tanjore
Jan 24. 1797.

Vor einigen Tagen empfing Ihr werthestes
Schreiben d.d. 20 May 1796 –
Ich wünschte u. hoffte daß Sie das Kopf=
Leiden noch behäuig würden –
daß die Honble Society den Meßmarinj
Sold erhöhet, wo bey wir viel gehorsamst
dank –
Von Herrn D Gaskin haben wir noch
kein Brief empfangen, aber leider
Kasten ist auch noch nicht angekom
Unßern lieber H. Jänicke habe gar neulich
gebeth an Sie zu schreiben. An Willig
keit fehlt es ihm gar nicht. Ob aber

seine große Schwachheit es zuletzt ein
Ende bald zu erwarten. Seit der gar starken
Erkaltung welche er in Anfang dieses
Jahres ausstund, habe noch keine Zeile von
ihm empfangen, welches mir viele Sorge
verursacht.
Heutigens kam an H. D Schulze, hat
angesetzt als ob er auch am Sterben
stund. —
Mr Kohlhoff u. ich sind Gottlob wol
Gott aber sorgen müssen Arbeit an
zu sehen.
Herr Schön auch Herr wol u. lasst Ihre
Druck Arbeit an viel nützlich zu
sorgen seyn.
Ich bin mit wahrer Liebe
Ihr
aufr. Müller u. der
Eh Schwartz.

Nachdem 1837 der letzte Dänisch-Hallesche Missionar in Tranquebar, August Friedrich Cämmerer (1767-1837), verstorben war, bemühte sich die 1836 gegründete Dresdener Missionsgesellschaft, die später ihren Sitz in Leipzig erhielt, sehr intensiv um das Recht, diese Mission fortzusetzen. Dies begann praktisch mit der Aussendung von Heinrich Cordes (1813-1892) im Jahre 1840 Realität zu werden. Die eigentliche Geschichte der Dänisch-Halleschen Mission war damit zwar beendet, der an dieser Stelle vorgesehene Ausblick auf die Leipziger Mission ist allerdings aus mehreren Gründen notwendig.

- Die Leipziger Missionare übernahmen in Indien einen großen Teil der von Halleschen Missionaren eingerichteten Kirchen und Missionshäuser.[39]

- In den Berichten insbesondere der frühen Leipziger Misssionare sind häufig Äußerungen über das Wirken der Dänisch-Halleschen Missionare in Indien zu finden. Der überwiegende Teil ist in den Evangelisch-Lutherischen Missionsblättern, die zunächst in Dresden, seit Juni 1848 in Leipzig erschienen, veröffentlicht worden. Aber auch hier gilt der Grundsatz, daß bei einzelnen Studien ein Vergleich mit den Originalen zu empfehlen ist.

- Der Leipziger Missionar Wilhelm Germann ließ die in Tranquebar vorhandenen Akten nach Leipzig überführen. Dieser Umstand ist für die Aufarbeitung der Geschichte der Halleschen Mission von besonderem Interesse. Germann selbst war nur von 1865 bis 1867 in Indien. Bereits längere Zeit vorher hatte er sich intensiv mit der Geschichte der Tranquebar-Mission beschäftigt, und noch vor seiner Ausreise als Missionar äußerte er die Absicht, eine Fabricius-Biographie und eine Abhandlung über die wichtigsten Pommerschen Missionare zu schreiben.[40] Seine Zeit in Indien nutzte er u.a., um begonnene Studien fortzuführen und regelmäßig Manuskripte nach Leipzig zu senden, die in erster Linie im Evangelisch-Lutherischen Missionsblatt gedruckt wurden. Während seines Indienaufenthaltes entstand auch der größte Teil der Arbeit über Ziegenbalg und Plütschau zu den Anfängen der Dänisch-Halleschen Mission, die 1868 in Erlangen gedruckt wurde. Germann konnte dazu längere Zeit in Mayaveram arbeiten, wo sich infolge einer Erbschaft das Archiv der früheren Dänisch-Halleschen Mission in den Händen des Missionars Johann Nikolaus Schwarz (1813-1887) befand. In einem Brief vom 22. Februar 1866 schreibt Germann: "Ich wollte, da ich vorher nicht arbeiten konnte, bei der Rückkehr von der Synodalreise ihn (einen Aufsatz, H.L.) in Madras vollenden, aber siehe unverhofft erhielt ich zur Vollendung meiner Arbeit einen Urlaub und als Aufenthaltsort Mayavaram. Für mich gab es hier in den Acten, denn das ganze reichhaltige Archiv ist durch Erbschaft in Schwarz's Besitz übergegangen und soll später nach seinem, Gott gebe, fernen Tod nach Leipzig kommen, genug zu thun."[41] Nach dessen Tod am 21. Juni 1887 wurden die Akten dann endgültig nach Leipzig überführt. Wahrscheinlich hat der Beginn dieser Transaktion aber doch schon früher stattgefunden, denn wie sonst wäre folgende Bemerkung Germanns zu deuten: "Die Hallesche Aktenkiste ist nun endlich mit Frau Herre abgegangen, ich habe Exemplare des Fabricuis'schen Evangeliumsteils und des Gebetbuchs reingelegt, auch unsere Exemplare der Genealogie, so weit sie damals fertig war. Den Schluß und ein vollständiges Exemplar sende ich bald direkt..."[42]

1890 wurde der gesamte Aktenbestand überführt, und heute lagern im Archiv der Leipziger Mission neben den "eigenen" Leipziger Akten auch Bestände der Dänisch-Halleschen Mission. Sie befinden sich in der Abteilung I: Dänisch-Hallesche Mission in Tranquebar; Standortrepertorium der Archivalien der Dänisch-Halleschen Mission in Tranquebar bei der Ev.-Luth. Mission zu Leipzig.

An dieser Stelle scheint es gerechtfertigt, die Bestandteile dieser Abteilung vollständig aufzulisten (siehe Anhang), weil damit nicht nur ein Eindruck vom Umfang, sondern auch ziemlich detailliert vom Inhalt vermittelt wird.

Die Leipziger Bestände befinden sich allerdings in einem z.t. bedauernswerten Erhaltungszustand, der möglicherweise auf die lange Lagerzeit in Indien zurückzuführen ist. Eine vor einigen Jahren begonnene Identifizierung, Datierung und teilweise inhaltliche Beschreibung der einzelnen Dokumente (jeweils auf den Umschlägen der Dokumente notiert) konnte nicht beendet werden, wäre aber, um die Belastung der Handschriften zu verringern, eine wichtige Hilfe für den Suchenden.

Zur Evangelisch-Lutherischen Mission in Leipzig gehört auch eine Bibliothek, die allerdings kaum Materialien direkt zur Tranquebar-Mission enthält. Wichtig sind die in Leipzig herausgegebenen Evangelisch-Lutherischen Missionsblätter, faktisch eine Fortsetzung der mit den Halleschen Berichten begonnenen Tradition.

3. Archiv der Brüder-Unität in Herrnhut[43]

Indirekten Zugang zur Tranquebar-Mission gewähren die Akten der Bruder-Unität in Herrnhut, deren Auswertung und Einbeziehung allerdings die intensive Auseinandersetzung mit der Geschichte der Beziehungen zwischen den Halleschen Pietisten und der Herrnhuter Brüdergemeine voraussetzt.

Der Ort Herrnhut wurde am 17. Juni 1722 auf dem Gut Berthelsdorf des einflußreichen Grafen Nikolaus Ludwig von Zinzendorf (1700-1760) gegründet. Die ersten Siedler waren vorwiegend Mähren, Anhänger der 1457 gegründeten UNITAS FRATRUM, die ihre Heimat des Glaubens wegen verlassen mußten.[44] Zinzendorf, der 1713-1715 in Halle weilte und dort die Missionare Ziegenbalg und Plütschau kennengelernt hatte,[45] hatte zwar zeitweise unter dem Einfluß des Halleschen Pietismus gestanden, die Geschichte der von ihm begründeten Brüder-Unität ist jedoch von Anfang an eine Geschichte zunehmender Abgrenzung vom und späterer Kontroversen mit dem Halleschen Pietismus. Zwischen Brandenburg/-Preußen und Sachsen sowie zwischen Halle und Herrnhut ausgetragene Kontroversen bewirkten zwangsläufig auch Zurückhaltung und Skepsis in den Beziehungen zwischen Halleschen Missionaren und Herrnhuter Brüdern in Tranquebar. Zu diesen Gegensätzen trug auch bei, daß die Hallenser vom Missionskollegium, die Herrnhuter von der Handelskompanie unterstützt wurden.[46]

In der Geschichte der Herrnhuter Mission selbst war Tranquebar lediglich eine Etappe eines verlustreichen Missionsversuches auf den Nikobaren, der 1758 nach Verhandlungen in Kopenhagen in die Wege geleitet wurde. Der Hallesche Missionar David Poltzenhagen war bereits am 1. September 1756 zu einem Missionsversuch auf die Nikobaren gereist dort jedoch nach einem nur dreimonatigen Aufenthalt am 28. 11. 1756 verstorben.[47] Unterstützt von der Asiatischen Companie sollten nun die Brüder eine Missionsstation auf den Nikobaren errichten und dazu Tranquebar als Zwischenstation und Versorgungsstützpunkt nutzen. Unvorhergesehene Schwierigkeiten ließen es nicht zu einer Ausreise auf die Nikobaren kommen, so daß die Herrnhuter sich längere Zeit in Tranquebar etablieren mußten. Während dieser Zeit kam es zwangsläufig zu Kontakten mit der Tranquebar-Mission, die sich in den Berichten der Halleschen Missionare in geringem Umfang, in den Diarien der Herrnhuter dagegen ausführlicher widerspiegeln.

1760 errichteten die Herrnhuter ihren Brüdergarten in der Nähe von Tranquebar, organisierten dort ihr Gemeineleben, ohne missionarische Aktivitäten nach außen zu unternehmen. Dieser Brüdergarten bestand auch weiter, als 1768 doch noch eine Ausreise auf die Nikobaren erfolgte. Auf längere Sicht konnte sich jedoch dort keine Missionsstation halten. In den Berichten der Herrnhuter werden in erster Linie gesundheitliche und klimatisch bedingte Gründe genannt, wobei H. Beck auf einen weiteren wichtigen Umstand hinweist: "Die Verbindung von Siedlungsplänen mit dem Verkündigungsauftrag und des Missionsdienstes mit einer den Missionaren aufgedrungenen Wahrnehmung kolonialpolitischer Interessen erwies sich als verhängnisvoll."[48] Nach der Rückkehr von den Nikobaren verblieben die Missionare bis etwa 1801 in Tranquebar im Brüdergarten.

"Das Archiv der Brüder-Unität in Herrnhut ist das Zentralarchiv der Gesamtunität (UNITAS FRATRUM), das Provinzialarchiv der Europäisch-Festländischen Unitätsprovinz und das Archiv der Evang. Brüder-Unität im Distrikt Herrnhut."[49]

Das Aktenmaterial zur Brüdermission in Tranquebar und auf den Nikobaren befindet sich unter der Archivsignatur R 15 Ta und Tb. Es beinhaltet Materialien zum Zeitraum von ca. 1758 bis 1799. Einige Dokumente lassen sich auch über den "Catalog vom Archiv der Miss. Deputation" (Miss.Dep.) erschließen.

Im Unterschied zu den Diarien der Halleschen Missionare sind die Aufzeichnungen der Herrnhuter Brüder nie gedruckt worden. Zum Teil wurden sie im Jüngerhausdiarium oder in den Nachrichten aus der Brüdergemeine handschriftlich vervielfältigt. Ob in dem ab 1837 erschienenen Missionsblatt Teile der Quellen zur Brüdermission in Tranquebar veröffentlicht sind, ist noch nicht untersucht worden. Die Handschriften selbst sind in einem vergleichsweise guten Erhaltungszustand.

Die Quellen in Herrnhut sind bisher noch nicht in Arbeiten zur Tranquebar-Mission einbezogen worden. Es scheint jedoch interessant und sinnvoll, dies zu tun, denn:

Die Einbeziehung der Herrnhuter Akten in die Auswertung würde in einigen Punkten eine kritische Sicht auf die Problematik ermöglichen. Obgleich die Urteile der Brüder über die Missionare meist eher höflich verhalten als offensiv kritisch ausfallen, lassen sich mit Kenntnis der historischen und personellen Hintergründe doch weitreichende Schlüsse ziehen. Darüber hinaus stellen diese Tagebücher, Briefe und Berichte eine kaum zu überschätzende Vergleichsquelle für thematische Untersuchungen wie z.B. zur Haltung der Missionare zur indischen Realität dar. Derartige Untersuchungen und Vergleiche sind bisher nicht vorgenommen worden. Die Übersicht im Anhang enthält eine Aufzählung der wichtigsten in Herrnhut vorhandenen Akten, die sich auf die Aktivitäten in Tranquebar beziehen.

4. Handschriftenabteilung der Staatsbibliothek Preußischer Kulturbesitz, Berlin

Der hier vorhandene vergleichsweise geringe Aktenbestand gelangte 1866/67 aus kaum nachvollziehbaren Überlegungen nach Berlin. Es handelt sich um den Halleschen Beständen scheinbar willkürlich entnommene "Stichproben", die - aus ihrem Bezugsfeld herausgelöst - bisher kaum bearbeitet wurden[50] (siehe Anhang). Der hier als Nachlaß August Hermann Franckes bezeichnete Komplex enthält Dokumente aus unterschiedlichen Bereichen, von denen die Missionsakten nur einen kleinen Teil darstellen.

5. Archiv der Berliner Missionsgesellschaft[51]

In Ausnahmefällen könnten sich auch Akten zu Tranquebar-Missionaren im Archiv des Berliner Missionswerkes befinden. Sie stammen von Missionaren, die an der von Jänicke gegründeten Missionsschule ihre Ausbildung erhalten hatten. Diese Einrichtung definierte u.a. die Ausbildung von Missionaren im Auftrag anderer Missionsgesellschaften als eine ihrer vorrangigsten Aufgaben.[52] Soweit mir bisher bekannt ist, wurde der Missionar Daniel Schreyvogel (1777-1840) in Berlin ausgebildet. Nachforschungen im Archiv gestalteten sich insofern schwierig, als der gesamte Aktenbestand der Jänicke-Schule bislang nicht katalogisiert worden ist.

Darüber hinaus sind aber Dokumente in gedruckten Missionsnachrichten aus jener Zeit enthalten.[53] Selbst wenn es sich hier um Ausnahmen handelt, halte ich die Durchsicht der entsprechenden Archivbestände sowie die Nutzung der umfangreichen missionswissenschaftlichen Forschungsbibliothek des Berliner Missionswerkes durchaus für angebracht.

ALTE QUELLEN - NEUE FRAGEN

Die hier umrissene inhaltliche und strukturelle Breite der Quellen zur Dänisch-Halleschen Mission in deutschen Archiven macht einerseits die Notwendigkeit, andererseits die Komplexität neuer Forschungsansätze und -methoden bei der Bearbeitung dieser Materialien deutlich. Welche Ergebnisse zu erwarten sind, läßt sich angesichts der heutigen Quellenkenntnis nur erahnen. Mit Bestimmtheit jedoch kann festgestellt werden, daß eine vorrangig missions- und kirchengeschichtlich motivierte Bearbeitung der Dokumente deren darüber hinausreichende inhaltliche Substanz weitgehend unberücksichtigt läßt.

Es ist dringend an der Zeit, die bislang dominierende traditionell missions- und kirchengeschichtlich orientierte Aufarbeitung der hier beschriebenen Missionsquellen um andere wesentliche Aspekte zu erweitern. Dabei geht es sowohl um die Nutzung der Quellen als Forschungsgegenstände für geistes- und sozialhistorisch angelegte Studien, aber auch um die fachspezifische Auswertung einzelner Missionsarbeiten unter wissenschaftshistorischen Fragestellungen.

Auch für die Tranquebar-Mission ist die wissenschaftshistorische Seite bis heute noch kaum aufgearbeitet. Es trifft zu, was R.F. Merkel vor über 70 Jahren in bezug auf die Gesamtproblematik sagte: "Für weite Gebiete sind wir heute genötigt, das in verschiedensten Missionsblättern und -schriften vorliegende Material erst mühsam zu sammeln, um es für die Wissenschaft entsprechend zu verwerten - eine Aufgabe, die noch kaum in Angriff genommen worden ist."[54]

Hinzu kommt die Problematik der Quellen an sich. Bisher gibt es keine zusammenhängende Darstellung aller in- und ausländischen Quellen speziell zu dieser Mission. Eine derartige Quellenaufstellung wäre aber eine wichtige Voraussetzung für eine kontinuierliche und systematische Aufarbeitung. Auch biographische Nachschlagewerke zu den Missionaren und einheimischen Mitarbeitern oder etwa nach Sachgebieten zusammengestellte thematische Bibliographien missionarischer Arbeiten und Quellen existieren bislang nicht. Solange diese Grundlagenarbeiten aber nicht getan sind, besteht für spezielle Forschungen immer wieder die Gefahr, unvollständig zu sein, weil die Gesamtheit des zum Thema vorhandenen Materials oftmals gar nicht bekannt ist.

In diesem Zusammenhang scheint es auch geraten, auf die Notwendigkeit der Zusammenarbeit mit "traditionellen" Missionsgeschichtsforschern hinzuweisen, da eine isolierte "indienkundliche" Auswertung ohne theologische und missionshistorische Hintergrundkenntnisse nicht nur die Gefahr der Einseitigkeit in sich birgt, sondern kaum zum notwendigen Verständnis für bestimmte Handlungen und Ansichten der Missionare führen kann.

Ein wesentlicher Grund für die Beschäftigung mit den deutschen Missionsquellen allgemein und mit den Materialien der Tranquebar-Mission im besonderen liegt meiner Meinung nach auch in der Verantwortung deutscher Indienwissenschaftler gegenüber ihren indischen Fachkollegen, für die die sprachlichen Hindernisse beim Umgang mit deutschsprachigen Handschriften des 18./19. Jahrhunderts nur selten zu überwinden sind.

Andererseits würde durch intensive Zusammenarbeit mit indischen Kollegen auch die Bearbeitung des großen Bestandes an Frühdrucken in Tamil sowie der Palmblatthandschriften in verschiedenen Sprachen in Angriff genommen bzw. fortgesetzt werden können.

Der teilweise bedenkliche Erhaltungszustand der Handschriften drängt auf schnelle Lösungen. Konzepte für wissenschaftliche Quelleneditionen bzw. für eine umfassende systematische Bearbeitung des Aktenbestandes gibt es bisher nicht. Diese und eine möglichst breite internationale Kooperation und Koordinierung der Aktivitäten wären aber notwendig, um auf längere Sicht faßbare Ergebnisse zu erzielen.

ANMERKUNGEN

1 Eine dieser Ausnahmen ist das "Tamil-English Lexicon" von Johann Philipp Fabricius (1711-1791), erstmals erschienen 1779. Nach dem Tode Fabricius' wurde es 1809 unter dem Titel "A Malabar and English Dictionary" wieder aufgelegt. 1862 erschien in Weiterentwicklung dessen "A comprehensive Tamil and English dictionary of High and Low Tamil..." von M. Winslow. Ebenfalls auf der Basis des ursprünglichen Fabricius-Wörterbuches wurde dann 1897 von E. Männing "A dictionary Tamil and English..." herausgegeben. 1989 erschien als Reprint ein "Tamil-English dictionary, based on 'Malabar-English dictionary' 2nd ed., revised and enlarged (Tranquebar), 1910. 7,660 p.".
2 Diese Einschätzung trifft jedoch nicht ganz ohne Einschränkungen zu, obgleich gesagt werden muß, daß über eine konkrete Verwendung missionarischer "Vorarbeiten" durch die erwähnten Gelehrten meines Wissens bisher wenig gearbeitet wurde. Beachtung verdient z.b. in diesem Zuammenhang ein Aufsatz von Sprengel, der 1800 in den NHB (Beylage zur Vorrede zum 56. Stück) unter dem Titel " Eroberung des Mysorischen Reiches, im May 1799" erschien und ausdrücklich auf der Basis von Missionarsbriefen entstand.
3 Vgl. Hans-Werner Gensichen, Missionswissenschaft als theologische Disziplin. In: Missionstheologie. Eine Einführung. Von Karl Müller. Frankfurt/M. 1985, S. 3.
4 Vgl. St. Neill, Geschichte der christlichen Mission, Erlangen 1990 (= Erlanger Taschenbücher), Vorwort.
5 Vgl. Hans Wadenfels, Wo steht die Missionswissenschaft heute. In: ZMR, 1977 (61), S. 137-139; E. Kamphausen/W. Ustorf, Deutsche Missionsgeschichtsschreibung. Anamnese einer Fehlentwicklung. In: VF, 1977, S. 23.
6 Vgl. R. F. Merkel, Mission als Wissenschaft, Herrnhut 1921 (= HMK 17); P. E. Wallroth, Was hat die gegenwärtige Mission für die Sprachwissenschaft geleistet? In: AMZ, (1891) 18 und (1893) 20
7 In ähnliche Richtung zielt die Arbeit von Ulrich van der Heyden zu den Quellen der Berliner Mission: Unbekannte Geschichtsquellen in Berlin. Das Archiv und die Bibliothek der Berliner Missionsgesellschaft, Berlin 1991 (= Sozial-anthropologische Arbeitspapiere, Nr. 45).
8 Neben den vom langjährigen Leiter des AFSt verfaßten Übersichten über die Missionsmaterialien (Indien) der Franckeschen Stiftungen (Storz J., Die Indienmaterialien der Franckeschen Stiftungen in Halle (Saale). Ein Überblick. In: Zum Indienbild in der DDR, Hrsg. von H.-J. Peuke, Halle 1983. S. 42-47; ders., Das Missionsarchiv (Indien) der Franckeschen Stiftungen zu Halle. In: Schriften zum Bibliotheks- und Bücherwesen in Sachsen-Anhalt, 1986 (58), S. 31-37) legte A. Nørgaard die bisher ausführlichste Quellenbeschreibung verschiedener Archive vor (Anders Nørgaard, Mission und Obrigkeit. Die Dänisch-hallische Mission in Tranquebar 1706-1845, Gütersloh 1988 (= MWF, Bd. 22), S. 1-10 sowie S. 290-297) Nørgaard gibt nicht nur einen kurzen Überblick über die in Halle und Leipzig vorhandenen Materialien, er erwähnt z.B. auch Pulsnitz als wichtigen Standort zu Ziegenbalg. Herrnhut bleibt

unberücksichtigt. Darüber hinaus enthält Nørgaards Darstellung allerdings auch grundlegende Informationen über die in London und Kopenhagen relevanten Einrichtungen. C.S. Mohanavelu gibt u.a. eine während des 2. Weltkrieges erstellte Übersicht über die einzelnen Faszikel-Titel des Missionsarchivs (Indien) der Franckeschen Stiftungen (C. S. Mohanavelu, A Brief Account of Francken's Foundations Archives Halle/Saale, G.D.R. In: ICHR, Vol. XXII, Number 1, 1988, S. 50-76). Eine genaue Auflistung der Briefe Ziegenbalgs erschien bei G. Werther, Die Briefe von Bartholomäus Ziegenbalg (1682-1719). In: WZ 2/V 1956. S. 221-226. Literatur zur Tranquebar-Mission wurde von Berit Hütscher zusammengestellt und z.t. kommentiert (Berit Hütscher, Trankebarmissionen - en oversigt over og vurdering af den eksisterende Litteratur, Masch. schrl., Århus Universitet 1981).

9 Während im 18. Jh. und in den ersten Jahrzehnten des 19. Jh. lediglich eine mehr oder weniger vollständige Veröffentlichung der Dokumente in Gestalt der Halleschen Berichte (HB) und später der sogenannten Neuen Halleschen Berichte (NHB) erfolgte, begann mit Fenger (J. Ferdinand Fenger, Geschichte der Tranquebarschen Mission nach Quellen bearbeitet, Grimma 1845) die Aufarbeitung der Geschichte der Mission unter Nutzung der vorhandenen Archivquellen. Es folgen vorrangig biographisch angelegte Arbeiten, von denen die Wilhelm Germanns (Wilhelm Germann, Johann Philipp Fabricius. Seine fünfzigjährige Wirksamkeit im Tamulenlande und das Missionsleben des achtzehnten Jahrhunderts daheim und draußen, Erlangen 1865; ders., Ziegenbalg und Plütschau. Die Gründungsjahre der Tranquebarschen Mission, Erlangen 1868; ders., Missionar Christian Friedrich Schwartz. Sein Leben und Wirken, Erlangen 1870) zweifellos die bedeutendsten sind. Mit den von Caland (W. Caland (Hrsg.), Malabarisches Heidentum von Bartholomäus Ziegenbalg, Amsterdam 1926; ders. (Hrsg.), Kleinere Schriften von Bartholomäus Ziegenbalg, Amsterdam 1930) herausgegebenen Schriften des Missionars Bartholomäus Ziegenbalg beginnt die Auseinandersetzung mit den Missionsquellen im 20. Jh. Daran schließen sich Arbeiten von Missionswissenschaftlern bzw. Kirchenhistorikern, z.T. selbst ehemalige Missionare, (z.B. Hugald Grafe, Hans-Werner Gensichen, Arno Lehmann) zu einzelnen Aspekten der Entwicklung der Tranquebar-Mission an.

10 Soweit mir bekannt ist, wurden in jüngster Zeit folgende Arbeiten zu zu unterschiedlichen Aspekten der Geschichte der Tranquebar-Mission durchgeführt. In Uppsala arbeitet Ulla Sandgren über Leben und Wirken von Bartholomäus Ziegenbalg sowie in diesem Zusammenhang über die Pflege des Tamil und die Bibelübersetzung in Tranquebar. Die Anthropologin Esther Fihl in Dänemark arbeitet unter sozialanthropologischen Fragestellungen an den Quellen der Dänisch-Halleschen Mission. Der dänische Pfarrer und Kirchenhistoriker Anders Nørgaard bearbeitete die Problematik des Verhältnisses der Tranquebar-Mission zur Obrigkeit. Die Ergebnisse seiner Forschungen wurden 1988 veröffentlicht (Anders Nørgaard, Mission und..., a.a.O.). C.S. Mohanavelu verteidigte 1989 seine Dissertation über "Early German Contributions to Tamil Studies (1706-1845)" (laut einem Hinweis von H.- W. Gensichen ist diese Arbeit bisher unveröffentlicht). Daniel Jeyaraj (z. Z. Halle) arbeitet an seiner Promotion über den Beitrag der frühen Halleschen Missionare zur Entstehung einer eigenständigen christlichen Kirche in Südindien. In Deutschland arbeiten weiterhin Hugald Grafe und Hans-Werner Gensichen zur speziellen Problematik der Dänisch-Halleschen Mission (siehe Bibliographie). Außerdem ist gegenwärtig in Halle ein Projekt im medizinischen Bereich unter umfassender Nutzung der Missionsmaterialien der Franckeschen Stiftungen in Arbeit.

11 ZStAM, Rep. 11, Nr. 130, Fasz. 1.
12 ZStAM, Rep. 11, Nr. 130, Fasz. 3, Bl. 4

13 Vgl. dazu auch Horst Krüger, Plans for the Foundation of an East Indian Company in Brandenburg Prussia in the Second Half of the Seventeenth Century. In: Kunwar Mohammad Ashraf - an Indian Scholar and Revolutionary, Berlin 1966, S. 123-146; Hans-Georg Steltzer, Mit herrlichen Häfen versehen. Brandenburg-preußische Seefahrt vor dreihundert Jahren, Frankfurt/M. u.a. 1981, S. 26-35.
14 Vgl. Arno Lehmann, Es begann in Tranquebar, Berlin 1956, S. 7.
15 Vgl. Anders Nørgaard, Mission und..., a.a.O., S. 70.
16 Vor der entgültigen Etablierung der Engländer als Kolonialmacht in Indien bezog die East India Company wichtige Informationen u.a. über die indischen Religionen von verschiedenen europäischen Missionaren. Das 1717 in London erschienene Buch "An Account of the Religion, Manners, and Learning of the People of Malabar" von Mr. Phillips enthält eine Reihe von Briefen eines Tanjoreschen Brahmanen an dänische Missionare, die in diesem Gebiet stationiert waren.
Der erste Dänisch-Hallesche Missionar, der offiziell in den Dienst der Society for Promoting Christian Knowledge trat, war Benjamin Schultze im Jahre 1728.
17 Pulsnitz ist die Geburtsstadt des ersten Missionars Bartholomäus Ziegenbalg. Sowohl im Kirchenarchiv als auch im Heimatmuseum von Pulsnitz befinden sich Dokumente zu seinem Leben.
Einige naturwissenschaftlich arbeitende Missionare standen in Verbindung mit Gelehrten der 1652 gegründeten Akademie der Naturforscher Leopoldina bzw. waren selbst Mitglieder verschiedener Gelehrtengesellschaften, so daß man in Kenntnis biographischer Fakten auch in Archiven derartiger Einrichtungen zielgerichtet suchen könnte.
18 Hinsichtlich ihrer bildungsmäßigen und beruflichen Zusammensetzung unterschieden sich die Mitglieder der Dänisch- Halleschen Mission von Vertretern anderen Missionsstationen. Von der Herrnhuter Brüdergemeine wurden z.B. in erster Linie Handwerker, weniger aber Theologen nach Südindien geschickt.
19 Es handelt sich hauptsächlich um folgende Institutionen: Rigsarkivet (Reichsarchiv) Kopenhagen; Det Kongelige Bibliothek, Kopenhagen (Die Königliche Bibliothek); Landsarkivet for Sjælland (Landesarchiv für Seeland); Archiv des Kirchenministeriums, Kopenhagen; Handels- und Schiffahrtsmuseum, Helsingør; Nationalmuseum, Kopenhagen; The Society for Promoting Christian Knowledge, London (vgl. Anders Nørgaard, Mission und..., a.a.O., S. 292 ff.)
Außerdem befinden sich Akten zur Tranquebar-Mission im United Theological College in Bangalore.
20 So fehlen z.B. in den Halleschen Berichten einzelne Passagen der Diarien von Benjamin Schultze, die seine Auseinandersetzung mit seinen Kollegen in Tranquebar und seine endgültige Entscheidung, im Jahre 1726 nach Madras zu gehen, betreffen.
21 Einige der von Bartholomäus Ziegenbalg (1682-1719) verfaßten Arbeiten wurden erst Jahrzehnte nach seinem Tod gedruckt. ("Genealogie der Malabarischen Götter", Madras 1867; "Malabarisches Heidentum", Amsterdam 1926).
22 Folgende Schriften liegen, soweit mir bekannt ist, nur als Handschrift vor: Christoph Theodosius Walther (1699-1740): Einige physikalische und philologische Observationes, 1733 (IB16:2); Lat. Philologische Betrachtungen zu indischen Sprachen, 1737 (IB34:6). Christoph Samuel John (1747-1813): Übersetzung des kleinen tamulischen Sittenbuches Pottia, verfaßt von Muttutandawan, Tranquebar 1790 (IIB7:8); Übersetzung des Malabarischen Erbauungs-Büchleins für die einfältigen Christen, sonderlich im Lande (Probe gedruckt in: NHB, 44.St., S. 741) (IIA:5).
23 Die Titel wichtiger Grammatiken und Wörterbücher gehen aus dem Quellenverzeichnis am Ende hervor. Zu den kleineren Arbeiten zählen beispielsweise: Christoph Samuel John, Einige Anmerkungen zur Berichtigung der Orthographie und Pronun-

ciation der in den Missionsberichten und anderen historischen und geographischen Schriften vorkommenden Tamulischen Wörter, Tranquebar 1790 (NHB, 44.Stück, S. 725-733); ders., Die unter den Tamulischen Christen und Heiden gewöhnlichen Namen nach der Orthographie nebst ihrer Bedeutung, Tranquebar 1790 (NHB, 38.Stück, S.205-210).

24 Speziell zu Klimatischen Studien der Missionare siehe: Burchard Brentjes, Meteorologische Beobachtungen des 18. Jahrhunderts in Madras. In: Wissenschaftsbeziehungen zwischen Halle und Indien in Tradition und Gegenwart, Halle 1987, S. 27-38 (= WB 1987/44 (I 42)).

25 Gründlers (1677-1720) "Medicus Malabaricus", das wohl umfassendste Werk eines Halleschen Missionars zur Medizin, ist bedauerlicherweise schon so stark beschädigt, daß eine Benutzung dieser Handschrift nicht möglich ist. Mit medizinischen Problemen muß sich auch Christoph Samuel John beschäftigt haben. Unter seinem Namen befindet sich im Archiv der Stiftungen eine "Nachricht an John betr. Naturwissenschaft, Medizin-Medikamente gegen Schlangenbiß" (II B 1:6; II B 1:7).

26 Die Aufarbeitung dieser Problematik ist bislang noch nicht in Angriff genommen worden, das Phänomen in seinem Gesamtumfang noch nicht faßbar. Die folgenden Beispiele reflektieren nur einen Bruchteil der gesamten Korrespondenz der Dänisch-Halleschen Missionare. So stand z.B. Ch.Th. Walther in Verbindung mit dem Petersburger Gelehrten Theophil Sigfried Beyer. Christoph Samuel John und Johann Peter Rottler (1729-1789), selbst Mitglieder bzw. Ehrenmitglieder verschiedener europäischer Gelehrtengesellschaften, korrespondierten u.a. mit Johann Reinhold Forster (1729-1789) über Fragen der indischen Pflanzen- und Insektenwelt.

27 Vgl. Anm. 1 zum Schicksal des Fabricius'schen Wörterbuches. Zur Bearbeitung und Nutzung der "Grammatica Hindostanica" von Benjamin Schultze vgl. Heike Liebau, Die Sprachforschungen des Missionars Benjamin Schultze unter besonderer Berücksichtigung der "Grammatica Hindostanica". Historisch-linguistische Untersuchungen, Diss. A., masch.schrl., Halle 1988. S. 49 ff.

28 Vgl. Arno Lehmann, Es begann..., a.a.O. S. 252.

29 Nach meinen bisherigen Erkenntnissen sind die meisten Übersetzungen von Christian Friedrich Schwartz angefertigt worden und im AFSt auch unter seinem Namen zu finden.

30 Vgl. Heinz Mode/, Subodh Chandra, Indian Folk Art, Bombay 1984, Tafeln 392-396; Lydia Icke-Schwalbe, (Hrsg.), Die Erzählungen des Viṣṇu. Indische Mythen und Legenden aus dem Bhagavata Purāna und Überlieferungen aus Tamilnadu und Orissa, Leipzig-Weimar 1989 (Orientalische Bibliothek).

31 "Du hast mir zugesaget, daß du nicht mehr auf diesen schädlichen Pantoffeln gehen wilst, so sind sie dir ja nichts mehr nütze. Damit ich nun dessen möge recht gewiß sein, wilst du sie mir geben? Hierauf antwortete er mit Freuden: Ja." (HB, 21. Continuation, S. 622; Tagebuch von B. Schultze vom 25. April 1725).

32 Archiv der Franckeschen Stiftungen
Franckeplatz 1, Haus 24
06110 Halle/Saale

33 Ausführlicher dazu vgl. Jürgen Storz, Die Indienmaterialien..., a.a.O.; ders., Das Missions-Archiv..., a.a.O.; C.S. Mohanavelu, A Brief Account..., a.a.O.

34 Zu Missionsarchiv und Handschriftenhauptabteilung vgl. auch Anders Nørgaard, Mission und..., a.a.O., S. 290 f.

35 Vgl. Jürgen Storz, Die Indienmaterialien ..., a.a.O., S. 44.

36 Vgl. Heike Liebau, Die Sprachforschungen..., a.a.O., S. 44 u. S. 146, Anm. 33.

37 Der indische Kollege Rev. J. Gnanaseelan Muthuraj hat 1986 eine Arbeit unter dem Titel " A Bibliography of Christian Writings in Tamil in the Libraries of U.K. and Europe" veröffentlicht, in der auch eine entsprechende Übersicht zu den Beständen in Halle (S. 47-60) enthalten ist. Diese Arbeit konnte ich bisher nicht einsehen. Für die entsprechenden Informationen bin ich Herrn Hans-Werner Gensichen sehr dankbar.
38 Archiv der Evangelisch-Lutherischen Mission zu Leipzig
Missionshaus
Paul List Str. 17-19
04130 Leipzig
39 Zur Geschichte der Leipziger Mission vgl. Paul Fleisch, Hundert Jahre lutherischer Mission, Leipzig 1936.
40 ALM Personalakte Germann, Brief Germanns an das Missionskollegium vom 5.4.1865; vgl. auch Wilhelm Germann, Johann Philipp Fabricius..., a.a.O., S. 91.4022.
41 ALM, Personalakte Germann.
42 ALM, Personalakte Germann: Brief Germanns an Direktor Hardeland vom 13.8.1867 aus Madras.
43 Archiv der Brüderunität
Herrnhut/Oberlausitz
Zittauer Straße 24
02747 Herrnhut
44 Vgl. Hartmut Beck, Brüder in vielen Völkern. 250 Jahre Mission der Brüdergemeine, Erlangen 1981 (= Erlanger Taschenbücher, Bd.58), S. 17 ff.
45 Ebenda, S. 30 f.
46 Ebenda, S. 146; Anders Nørgaard, Mission und..., a.a.O., S. 179.
47 Vgl. Arno Lehmann, Es begann..., a.a.O., S. 281. Ein Bericht über diese Reise ist sowohl im AFSt unter der Signatur II D 33:10 als auch im ABH unter der Signatur R 15 Ta 1/8 vorhanden. In der 56. Continuation (S. 209 ff.) der HB sind Poltzenhagens Reiseeindrücke gedruckt worden.
48 Vgl. Hartmut Beck, Brüder in vielen..., a.a.O., S. 143 .
49 Vgl. Benutzerordnung des Archivs der Brüder-Unität Herrnhut.
50 Vgl. Anders Nørgaard, Mission und..., a.a.O., S. 291.
51 Archiv der Berliner Missionsgesellschaft
Georgenkirchstraße 70
10249 Berlin.
52 Zur Geschichte der Missionsschule vgl. P.A. Petri, Die Ausbildung der evangelischen Heidenboten in Deutschland mit besonderer Berücksichtigung des Berliner Missions-Seminars. Berlin 1873, S. 45 ff.; Julius Richter, Geschichte der Berliner Missionsgesellschaft 1824-1924, Berlin 1924, S. 1 ff.
53 Einige Briefe von Schreyvogel sind gedruckt worden in: Auszüge aus Briefen von Missionarien des Berliner Missions-Seminars unter den Heiden, Berlin 1823.
54 Vgl. R. F. Merkel, Mission als Wissenschaft..., a.a.O., S. 23.

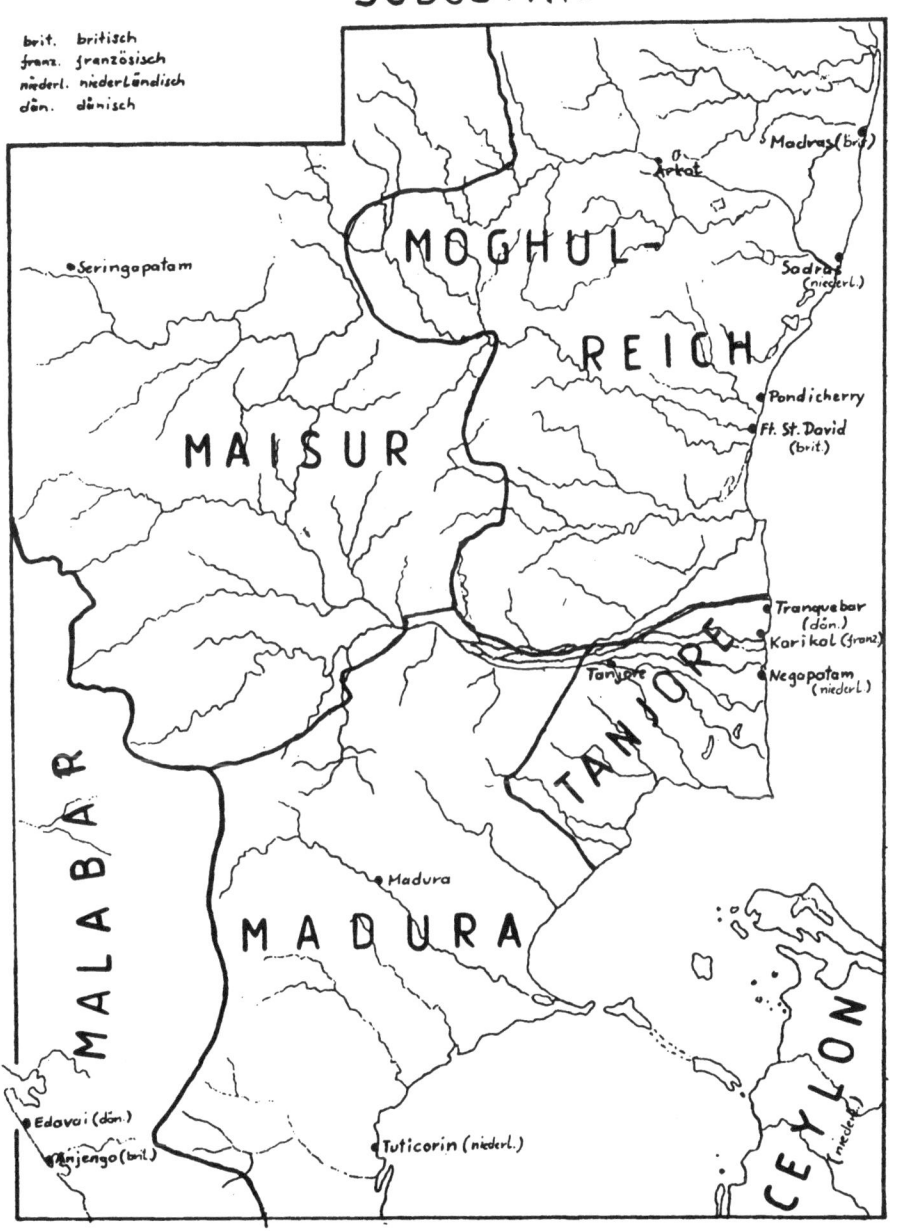

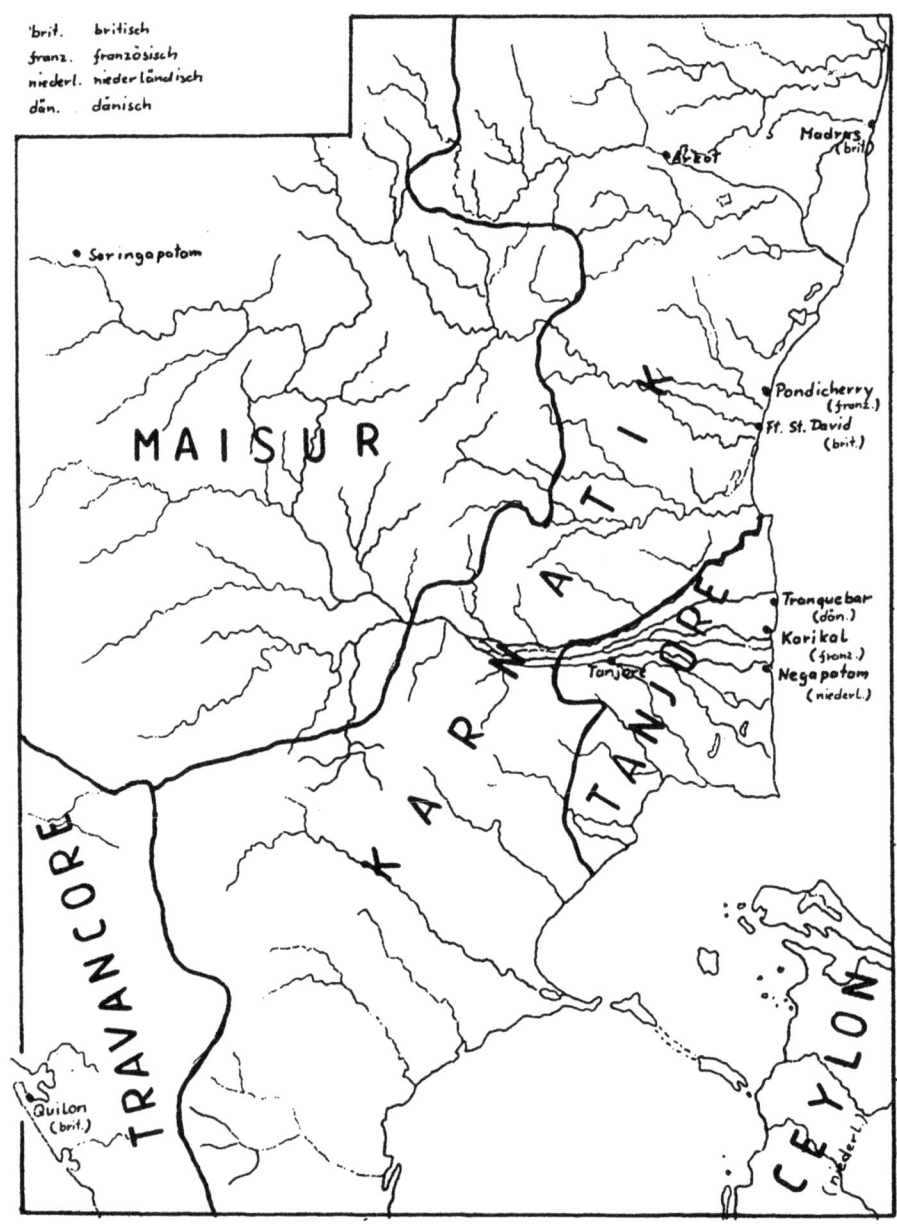

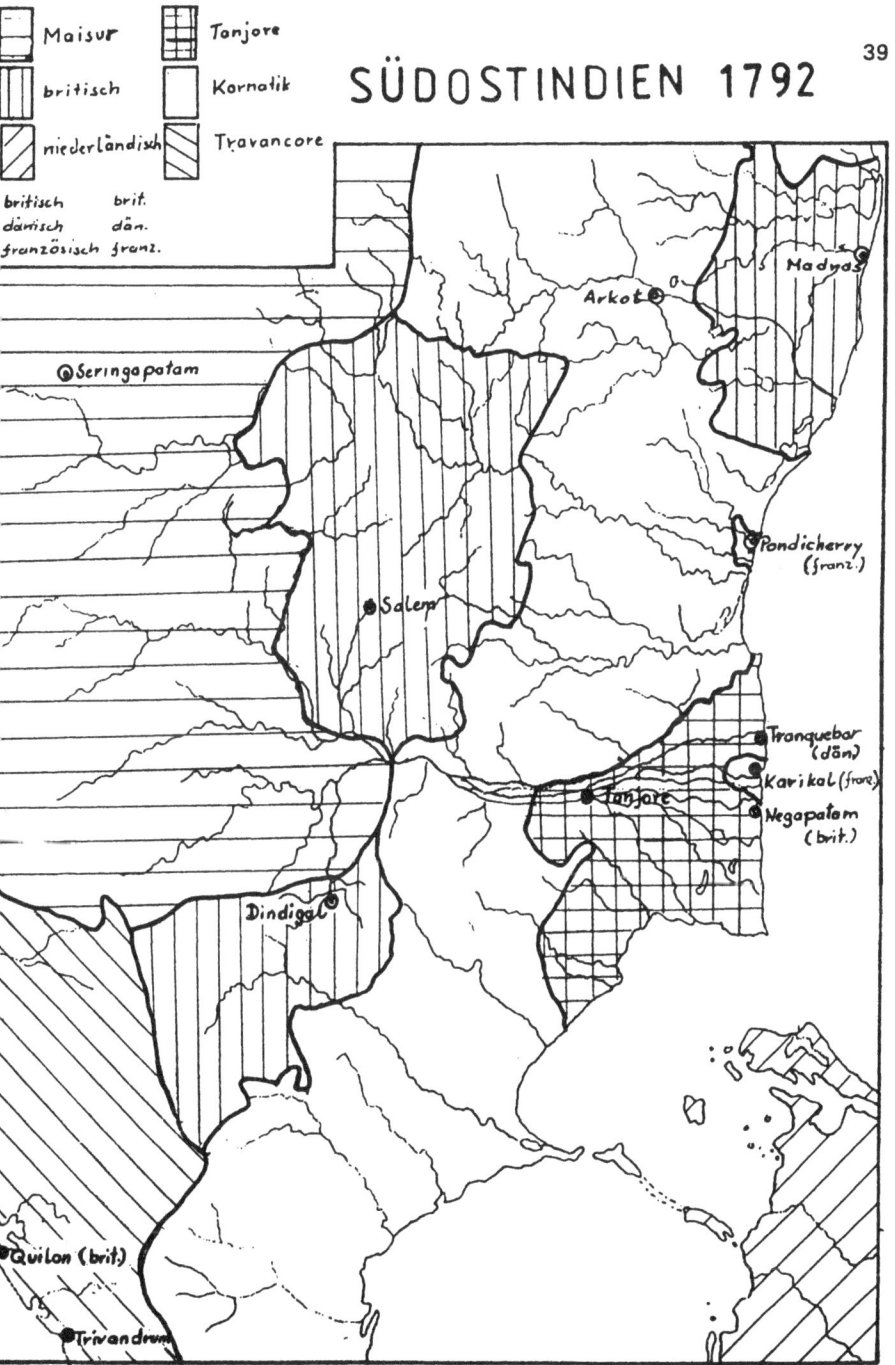

BIBLIOGRAPHIE

Verzeichnis der Abkürzungen

ABH	Archiv der Brüder-Unität Herrnhut
ABM	Archiv der Berliner Mission
AFSt	Archiv der Franckeschen Stiftungen zu Halle
ALM	Archiv der Leipziger Mission
AMZ	Allgemeine Missionszeitschrift. Monatsheft für geschichtliche und theoretische Missionskunde. Berlin 1, 1874-50, 1923
EMZ	Evangelische Missionszeitschrift, Stuttgart
ELMB	Evangelisch-Lutherisches Missionsblatt (siehe Quelleneditionen)
HB	Hallesche Berichte. Der Königlich-Dänischen Missionarien aus Ost-Indien eingesandter ausführlichen Berichten... (siehe Quelleneditionen)
HMK	Hefte zur Missionskunde. Herrnhut 1, 1907-31, 1935
ICHR	Indian Church History Review
MNOIM	Missionsnachrichten der ostindischen Missionsanstalt in vierteljährlichen Heften... (siehe Quelleneditionen)
MWF	Missionswissenschaftliche Forschungen. Gütersloh 1, 1962 ff.
NGEMA	Neuere Geschichte der Evangelischen Missions-Anstalten... (Siehe Quelleneditionen; vgl. NHB)
NHB	Neue Hallesche Berichte. Neuere Geschichte der Evangelischen Missions-Anstalten...(Siehe Quelleneditionen; vgl. NGEMA)
NZM	Neue Zeitschrift für Missionswissenschaft. Beckenried 1, 1945
VF	Verkündigung und Forschung. Theologischer Jahresbericht, München
WB	Martin-Luther-Universität Halle-Wittenberg. Wissenschaftliche Beiträge
WZ	Martin-Luther-Universität Halle-Wittenberg. Wissenschaftliche Zeitschrift, Gesellschafts- und Sprachwissenschaftliche Reihe
ZM	Zeitschrift für Missionswissenschaft
ZMR	Zeitschrift für Missionswissenschaft und Religionswissenschaft
ZStAM	Zentrales Staatsarchiv Merseburg

QUELLENEDITIONEN

Auszüge aus Briefen von Missionarien des Berlinschen Missions-Seminars unter den Heiden, Berlin 1823

Caland, W. (Hrsg.): Malabarisches Heidentum von Bartholomäus Ziegenbalg, Amsterdam 1926, 292 S.

Caland, W. (Hrsg.): Kleinere Schriften (Nidi Wunpa; Kondei Wenden; Ulaga Nidi) von Bartholomäus Ziegenbalg, Amsterdam 1930

Evangelisch-Lutherisches Missionsblatt, Dresden-Leipzig 1, 1845-96/1941 (ELMB)

Der Königlich-Dänischen Missionarien aus Ost-Indien eingesandter ausführlichen Berichten erster Theil, Halle 1710 ... bis siebenter Theil, Halle 1760 (Hallesche Berichte, HB)

Fabricius, Johann Philipp: A Malabar and English Dictionary, Tranquebar 1779

Missionsnachrichten der ostindischen Missionsanstalt zu Halle in vierteljährlichen Heften, Hrsg. A.H. Niemeyer (Jahrgang I-III); F.A. Eckstein (Jahrgang IV); G. Kramer (Jahrgang V-XXX); F.Th. Adler (Jahrgang XXXI-XXXII), Halle 1849-1880 (MNOIM)

Phillips (Mr.): An Account of the Religion, Manners, and Learnings of the People of Malabar, London 1717

Neuere Geschichte der Evangelischen Missions-Anstalten zur Bekehrung der Heiden in Ostindien, Halle, 1/1, 1770 - 8/95, 1848 (NGEMA) (auch als Neuere Malabarische Nachrichten bzw. Neue Hallesche Berichte, NHB, bezeichnet)

Schultze, Benjamin: Grammatica Hindostanica, Halle 1745. Nachdruck: Halle 1986 (= WB 1986/38 (I 38))

Schultze, Benjamin: Grammatica Telugica, Madras 1728 (Handschrift). Nachdruck: Halle 1984 (= WB 1984/47 (I 28))

Ziegenbalg, Bartholomäus: Grammatica Damulica, Halle 1716. Nachdruck: Halle 1985 (= WB 1985/44 (I 32))

LITERATURVERZEICHNIS

Beck, Hartmut: Brüder in vielen Völkern. 250 Jahre Mission der Brüdergemeine, Erlangen 1981 (= Erlanger Taschenbücher, Bd. 58)

Beyreuther, Erich: Bartholomäus Ziegenbalg, Berlin 1952

Brauer, Johann Hartwig: Die Heidenboten Friedrich IV von Dänemark in 3 Bd., Altona, Hamburg 1837-1841 (= Beiträge zur Heidenbekehrung)

Brentjes, Burchard: Meteorologische Beobachtungen des 18. Jahrhunderts in Madras. In: Wissenschaftsbeziehungen zwischen Halle und Indien in Tradition und Gegenwart, Halle 1987, S. 27-38 (= WB 1987/44 (I 42))

Dharampal, Gita: Bartholomäus Ziegenbalg and the Foundation of the Tranquebarmission. In: NZM 38/1982, S. 276-285

Duverdier, Gerald: Die "Malabarische Correspondentz" und A.H. Francke. In: August Hermann Francke 1663-1727, Hrsg. R. Ahrbeck und B. Thaler, Halle 1977 (= WB 1977/37 (A 39))

Fenger, J. Ferdinand: Geschichte der Tranquebarschen Mission nach Quellen bearbeitet, Grimma 1845

Fihl, Esther: "Malabarisches Heidenthum". Die Kulturanschauung des ersten lutherischen Missionars in Ostindien. In: ZMR, 3/1988

Fihl, Esther: Fiskerne i Tranquebar 1981. En etnografisk feltundersøgelse af de socio-økonomiske eksistensbetingelser. Feltrapport. In: Afdeling for Etnografi og Socialantropologi, Århus universitet, Moesgård 1981, S. 1-86

Fihl, Esther: Etablering af dansk Koloniherredømme i Tranquebar. En undersøgelse af det før-koloniale, sydindiske samfundssystem og dets interaktion med den danske kolonimagt. Konferensspeciale. In: Afdeling for..., a.a.O., 1983, S. 1-125

Fleisch, Paul: Fries, Wilhelm. Die Stiftungen August Hermann Franckes, Halle 1913

Gensichen, Hans-Werner: Die konfessionelle Stellung der dänischhalleschen Mission. In: EMZ, 1956, S. 1-19

Gensichen, Hans-Werner: Tranquebar then and now, Madras 1956

Gensichen, Hans-Werner: Neue Materialien und Forschungen zur Frühgeschichte der evangelischen Mission. Teil 1, ZfM 1980, S. 25-34; Teil 2, ZfM 1980, S. 106-112; Teil 3, ZfM 1981, S. 27-36

Gensichen, Hans-Werner: Missionswissenschaft als theologische Disziplin. In: Missionstheologie. Eine Einführung. Von Karl Müller, Frankfurt/M. 1985

Gensichen, Hans-Werner: Der Beitrag christlicher Missionare zur Erforschung des Hinduismus. In: Der Missionar als Forscher. Beiträge christlicher Missionare zur Erforschung fremder Kulturen und Religionen, Gütersloh 1988, S. 70-86 (= MWF, Bd. 21)

Germann, Wilhelm (I): Johann Philipp Fabricius. Seine fünfzigjährige Wirksamkeit im Tamulenlande und das Missionsleben des achtzehnten Jahrhunderts daheim und draußen, Erlangen 1865

Germann, Wilhelm (II): Die Geschichte der tamulischen Bibelübersetzung. In: MNOIM, 1865, S. 86-119

Germann, Wilhelm (III): Die wissenschaftliche Arbeit unserer alten Tamulen-Missionare mit Berücksichtigung neuerer Leistungen. In: MNOIM, Jg. 17/H. 1, Halle 1865

Germann, Wilhelm: Ziegenbalg und Plütschau. Die Gründungsjahre der Tranquebarschen Mission, Erlangen 1868

Germann, Wilhelm: Missionar Christian Friedrich Schwartz. Sein Leben und Wirken, Erlangen 1870

Germann, Wilhelm: Der Ausgang der Dänisch-Halleschen Mission in Indien. In: AMZ, 1886, S. 345-353.

Grafe, Hugald: The Relations between the Tranquebar Lutherans and the Tanjore Catholics in the First Half of the 18. Century. In: ICHR, Vol.I, 1967, S. 41-58

Grafe, Hugald: Benjamin Schultze and the Beginnings of the First Indian Protestant Church in Madras. In: ICHR, 1969, S. 35-54

Grafe, Hugald: Hindu Apologetics at the Beginnings of the First Indian Protestant Church in Madras. In: ICHR, 1972, S. 43-69

Grafe, Hugald: The History of Christianity in Tamilnadu from 1800 to 1975, Erlangen 1990 (= Erlanger Monographien aus Mission und Ökume

van der Heyden, Ulrich: Unbekannte Geschichtsquellen in Berlin. Das Archiv und die Bibliothek der Berliner Missionsgesellschaft, Berlin 1991 (= Sozialanthropologische Arbeitspapiere, Nr. 45)

Hütscher, Berit: Trankebarmissionen - en oversigt over og vurdering af den eksisterende Litteratur, Århus Universitet 1981 (masch.-schr.)

Icke-Schwalbe, Lydia (Hrsg.): Die Erzählungen des Viṣṇu. Indische Mythen und Legenden aus dem Bhagavata Purāna und Überlieferungen aus Tamilnadu und Orissa, Leipzig, Weimar 1989 (= Orientalische Bibliothek)

Kamphausen, E./W. Ustorf: Deutsche Missionsgeschichtsschreibung. Anamnese einer Fehlentwicklung. In: VF, 1977

Krüger, Horst: Plans for the Foundation of an East Indian Company in Brandendenburg Prussia in the Second Half of the Seventeenth Century. In: Kunwar Mohammad Ashraf - an Indian Scholar and Revolutionary, Berlin 1966, S. 123-146

Lehmann, Arno: Halle und die südindische Sprach- und Religionswissenschaft. In WZ, 3/II 1952/53, S. 149-156

Lehmann, Arno: Es begann in Tranquebar, Berlin 1956

Lehmann, Arno: Alte Briefe aus Indien. Unveröffentlichte Briefe von B. Ziegenbalg. 1706-1719, Berlin 1957

Liebau, Heike: Die Sprachforschungen des Missionars Benjamin Schultze unter besonderer Berücksichtigung der "Grammatica Hindostanica". Historisch-linguistische Untersuchungen. Diss.A., Halle 1988 (masch.-schr.)

Merkel, R.F.: Mission als Wissenschaft, Herrnhut 1921 (= HMK 17)

Mode, Hanne: Johann Zacharias Kiernander (Zum Leben und Wirken). In: Wissenschaftbeziehungen zwischen Halle und Indien in Tradition und Gegenwart, Halle 1987, S. 39-58. (= WB 1987/44 (I 42))

Mode, Heinz: 250 years Halle - India. 25 years of Indian Independence. Ed. by H. Mode, J. Mehlig and H.-J. Peuke, Halle 1972 (Supplement to Buddhist yearly 1972)

Mode, Heinz/Subodh Chandra: Indian Folk Art, Bombay 1984
Mohanavelu, C.S.: A Brief Account of Francken's Foundations Archives Halle/Saale, G.D.R. In: ICHR, *XXII* (1988) 1, S. 50-76
Muthuraj, Gnanaseelan J.: A Bibliography of Christian Writings in Tamil in the Libraries of U.K. and Europe, 1988
Neil, St.: Geschichte der christlichen Mission, Erlangen 1990 (= Erlanger Taschenbücher, Bd. 14)
Niekamp, J.L.: Kurtzgefaßte Missions-Geschichte; oder Historischer Aus zug der evangelischen Missionsberichte aus Ost-Indien von dem Jahr 1705 bis zu Ende des Jahres 1736..., Halle 1740
Nørgaard, Anders: Missionar Benjamin Schultze als Leiter der Tranquebarmission. In: NZM, 1977, S. 181-201
Nørgaard, Anders: Mission und Obrigkeit. Die Dänisch-hallische Mission in Tranquebar 1706-1845, Gütersloh 1988 (= MWF, Bd. 22)
Pauli, J.: Roberto dei Nobili und Christ. Friedr. Schwartz, 2 Missionare in Ostindien, Nürnberg 1870
Pelikan, Heike: Die "Grammatica Hindostanica" des Benjamin Schultze. Quelle zur Erforschung des Dakkhini des 18. Jahrhunderts, Halle 1987 (= WB 1987/35 (I 41))
Pelikan, Heike: Die "Grammatica Hindostanica" von Benjamin Schultze und ihr Platz in der Erforschung der Entwicklungsgeschichte des Hindustani. In: Wissenschaftsbeziehungen zwischen Halle und Indien in Tradition und Gegenwart, Halle 1987, S. 7-17 (= WB 1987/44 (I 42))
Pelikan, Heike: Arabische und persische Elemente im Dakkhini (Anhand der Materialien von Benjamin Schultze). In: WZ4/XXXIV 1987. S. 125-129
Petri, P.A.: Die Ausbildung der evangelischen Heidenboten in Deutschland mit besonderer Berücksichtigung des Berliner Missions-Seminars, Berlin 1873
Richter, Julius: Geschichte der Berliner Missionsgesellschaft 1824-1924, Berlin 1924
Römer, H.: Geschichte der Brüdermission auf den Nikobaren und des "Brüdergartens" bei Tranquebar, Herrnhut 1921 (= HMK 18)
Schmidt, G.: Lebensbeschreibungen der merkwürdigsten evangelischen Missionare. 3 Bd., Leipzig 1939
Schwertner, Siegfried: Internationales Abkürzungsverzeichnis für Theologie und Grenzgebiete. IATG, Berlin, New York 1974
Siddīqī, Abulais: Hindūstānī grāmar az Benẓamin Šulze, Lahor 1977 (Urdu)
Steltzer, Hans-Georg: Mit herrlichen Häfen versehen. Brandenburg-preußische Seefahrt vor dreihundert Jahren, Frankfurt u.a. 1981
Storz, Jürgen: Die Auslandsbeziehungen A. H. Franckes unter besonderer Berücksichtigung Rußlands. In: August Hermann Francke 1663-

1727, Hrsg. R. Ahrbeck und B. Thaler, Halle 1977, S. 100-108 (= WB 1977/37) (A 39)

Storz, Jürgen: Die Indienmaterialien der Franckeschen Stiftungen in Halle (Saale). Ein Überblick. In: Zum Indienbild in der DDR, Hrsg. H.-J. Peuke, Halle 1983, S. 42-47 (= WB 1983/33) (I 22))

Storz, Jürgen: Das Missions-Archiv (Indien) der Franckeschen Stiftungen zu Halle. In: Schriften zum Bibliotheks- und Bücherwesen in Sachsen-Anhalt Nr. 58, 1986, S. 31-37

Vorbaum, R.: Benjamin Schultze, evangelischer Missionar in Tranquebar und Madras, und seine Mitarbeiter, Düsseldorf 1850 (= Evangelische Missionsgeschichte in Biographien, Bd. 1)

Wadenfels, Hans.: Wo steht die Missionswissenschaft heute. In: ZMR, 61, 1977

Wallroth, P.E.: Was hat die gegenwärtige Mission für die Sprachwissenschaft geleistet? In: AMZ 18/1891, S. 322-339, S. 378-401, S. 449-465, S. 509-525; AMZ 20/1893, S. 26-37, S. 74-87, S. 116-137, S. 222-240, S. 408-421

Werther, Gottfried: Die Briefe von Bartholomäus Ziegenbalg (1682-1719). In: WZ 2/V 1956, S.221-226

VERZEICHNIS DER KARTEN UND ABBILDUNGEN

Seite 14: Titelblatt der Grammatica Damulica von Bartholomäus Ziegenbalg (siehe Quellenverzeichnis)
Seite 23: Brief von Ch.F.Schwartz an Herrn Übele in London vom 24.1.1794. Aus: Germann, 1870
Seite 37: Südost-Indien 1707
Seite 38: Südost-Indien 1751
Seite 39: Südost-Indien 1792

ANHANG

1. Materialien im Archiv der Franckeschen Stiftungen in Halle (diese Übersicht ist dem Artikel von J. Storz "Das Missionsarchiv (Indien) der Franckeschen Stiftungen zu Halle", Storz, 1986, entnommen)

I A 1	Kurzinventarium des Archivbestandes
I B 1-75	Missionskorrespondenz mit Tranquebar, Madras und Cuddalore, auch innereuropäische Korrespondenz, 1720-1785
I C 1-65	Missionskorrespondenz desgl., 1701-1824
I D 1-19	Korrespondenz einzelner Missionare, besonders mit England, 1750-1780
I E 1-10	Korrespondenz mit England, 1733-1748
I F 1-15	Korrespondenz mit Dänemark, vornehml. mit dem Missionskollegium in Kopenhagen, 1714-1801
I G 1-18	Korrespondenz einzelner Missionare und betr. einzelne Missionare, 1722-1849
I H 1-11	Korrespondenz desgl., 1712-1823
I J 1-14	Korrespondenz betr. die Mission, Briefe in Deutschland, 1709-1853
I K 1-12	Korrespondenz betr. Berufungen von Missionaren, Ärzten und anderen Mitarbeitern der Mission, auch Lebensläufe von Missionaren
II A 1-6	Anfragen und Berichte über die Missionsarbeit, Berichte über die Brahmanen, tamulische Götter, Moralia, Sitten und Gebräuche
II B 1-9	Berichte über Gemeinde- und Schulgründungen, Landkarten und Gebäude, Tamulische Sprache, Missionsdruckerei, Berichte über Zoologie und Botanik, meteorologische Beobachtungen, Kalender, topographische Notizen
II C 1-17	Gespräche über Religion, Berichte über tamulische Literatur, Berichte über Zustand und Fortgang der Missionsarbeit in Tranquebar, Madras und Cuddalore, Verzeichnis von Stadt- und Landgemeinden
II D 1-49	Dienstdiarien (Gemeinschaftsdiarien) der Missionare
II E 1-47	in Tranquebar, Madras und Cuddalore, 1720-1788, desgl. auch persönliche Amts- und Reisediarien einzelner Missionare, 1712 bis 1806
II F 1-3	Diarien von Nationalkatecheten (deutsche Übersetzg.), 1784-1805

II G 1-16	Korrespondenz mit einzelnen Missionaren in Madras, 1730-1752
II H 1-14	Diarien verschiedener Missionare, vornehmlich aus Madras, 1726-1768
II J 1-15	Korrespondenz mit Madras, 1730-1752
II K 1-16	Korrespondenz mit den Missionaren in Cuddalore, 1734-1751
II L 1-14	Diarien der Missionare in Cuddalore, 1739-1768
III A 1-20	Missionswohltaten und Kollekten, desgl. Donationen
III B 1-8	und Legate von den verschiedensten Personen, 1727-1792
III C 1-22	
III D 1-4	
III E 1-12	
III F 1-48	Missionsrechnungen, 1708-1774
III G 1-50	Missionsrechnungs-Belege, 1728-1771
III H 1-86	Briefe und Nachrichten zu den Missionsrechnungen, 1732-1786
III J 1-14	Missionsrechnungen, div. Briefe und Nachrichten sowie Notamina zu den Missionsrechnungen, 1712-1772
III K 1-12	Missionsrechnungen, Spezialrechnungen, Lieferungen für die Mission, 1729-1776
III L 1-28	Korrespondenz betr. die gedruckten Missionsberichte sowie Ortsverzeichnisse z. Verteilung der Kontinuationen
III M 1-9	Relationen von Merkwürdigen Begebenheiten in Deutschland, wie sie nach Indien gesandt wurden, 1733-1806

2. Materialien zur Tranquebar-Mission im Archiv der Evangelisch-Lutherischen Mission in Leipzig (Diese Übersicht ist im ALM maschinenschriftlich vorhanden)

Kapsel 1 - 62 Stücke	Briefe von August Hermann Francke 1708-1726 (an einzelne Missionare; an alle Missionare; Empfehlungsschreiben)
Kapsel 2 a und b - 103 Stücke	Vorwiegend Briefe von Gotthilf August Francke: a) 1727-1733; b) 1734-1737

Kapsel 3 a, b und c - 94 Stücke	Briefe von Gotthilf August Francke 1738-1769: a) 1738-1743; b) 1744-1752; c) 1753-1769
Kapsel 4 - 58 Stücke	Briefe aus Halle, alphabetisch geordnet (A-J) Aleman - Junker
Kapsel 5 a und b - 69 Stücke	Briefe aus Halle, alpabetisch geordnet (K-M) Knapp-Mundt
Kapsel 6 a und b - 63 Stücke	Briefe aus Halle, alphabetisch geordnet (N-Z) NN - Zopf
Kapsel 7 - 63 Stücke	Briefe aus Deutschland außer Halle, alphabetisch verzeichnet
Kapsel 8 - 78 Stücke	Gesellschaft zur Beförderung christlicher Erkenntnis London (SPCK)
Kapsel 9 - 69 Stücke	Briefe aus London, alphabetisch geordnet (A-K) Albinos - Kendall
Kapsel 10 - 74 Stücke	Briefe aus London, alphabetisch geordnet (L-Z) Ludolff - Ziegenhagen
Kapsel 11 - 23 Stücke	Briefe vom dänischen Königshaus (vorrangig von Friedrich IV, an Missionare, auch Ernennungsurkunden u. Instruktionen)
Kapsel 12 - 41 Stücke	Missionskollegium in Kopenhagen 1714-1730 (einige Dokumente nicht mehr vorhanden)
Kapsel 13 - 44 Stücke	Missionskollegium in Kopenhagen 1731-1750 (ein Dokument nicht mehr vorhanden)
Kapsel 14 - 32 Stücke	Missionskollegium in Kopenhagen 1751-1767 (mehrere Dokumente nicht mehr vorhanden)
Kapsel 15 - 47 Stücke	Missionskollegium in Kopenhagen 1768-1805. Die Briefe aus den Jahren 1773-1785 fehlen, sie sind in Kopenhagen.
Kapsel 16 - 74 Stücke	Missionskollegium in Kopenhagen. Mitglieder des Kollegiums und Sekretär Lütgens-Schröder 1707-1736

Kapsel 17 - 45 Stücke	Missionskollegium in Kopenhagen Höjer-Finkenhagen 1734-1766
Kapsel 18	Briefe aus Dänemark außer Missionskollegium 1708-1767, (16 Dokumente angegeben)
Kapsel 19 - 42 Stücke	Briefe aus dem Ausland außer Dänemark und England 1717-1753
Kapsel 20 - 15 Stücke	Verzeichnisse von Briefeingängen und ausführliche Inhaltsverzeichnisse (Abschriften) 1705-1743
Kapsel 21 - 82 Stücke	Briefentwürfe Ziegenbalgs 1712-1719
Kapsel 22 - 15 und 30 Stücke	Briefe von Missionaren nach Tranquebar v. Plütschau und Bövingh und Briefentwürfe der Missionare oder Kopien 1718-1783
Kapsel 23 - 12 und 9 Stücke	Schriftstücke von einzelnen Missionaren, Lebensläufe, Briefe, Urkunden und Übersetzungen
Kapsel 24	Tagebücher und Konferenzschriftstücke
Kapsel 25	Verschiedene Schriftstücke, dänische und portugiesische Urkunden, Verträge, tamulische Drucksachen
Aktenpaket Nr. 26	Dänisch-Hallesche Mission (z.T. in Dänisch; 1812-1844 bzw. 1846)

3. Materialien im Archiv der Brüder-Unität in Herrnhut, die Mission in Tranquebar betreffend
(Diese Übersicht wurde von mir anhand der Findbücher zusammengestellt)

"Catalog vom Archiv der Missions-Deputation"

XI	Ostindien
XI 4.	Briefe aus und wegen Ost-Indien 1758-1763
XI 8.	Verschiedene Vorkommnisse Ost-Indien betreffend (1760-1776)
8.7.	Diarium von Tranquebar 1766
XI 9.	Briefe aus Tranquebar 1773/74

Archivsignatur R 15 Ta und Tb

R 15 Ta 1	Akten D. Nitschmanns über das Etablissiment in Tranquebar u. Nikobaren, Vol. I
R 15 Ta 2 Vol. II	
R 15 Ta 4a	Akten und Briefe über das Etablissiment in Tranquebar 1759-96
R 15 Ta 5	Miscellana, die Anfänge der Mission in Ost-Indien betr., 1758-64
R 15 Ta 10	Reise-Diarien
R 15 Ta 10/1	Reisen nach Tranquebar
R 15 Ta 10/2	Reisen von Ost-Indien
R 15 Tb 1a	Diarien von Tranquebar (Brüdergarten) 1760-1767
R 15 Tb 1b	Diarien von Tranquebar 1768 - Okt. 1782 (fehlen 1777-1779)
R 15 Tb 1c	Diarien von Tranquebar 1783 - Apr. 1799
R 15 Tb 7a	Briefwechsel mit Tranquebar 1760-1767
R 15 Tb 7b	Briefwechsel mit Tranquebar 1777-1781
R 15 Tb 7c	Briefwechsel mit Tranquebar 1782-1799 (fehlen 1787/89)

4. Materialien in der Handschriftenabteilung der Staatsbibliothek Preußischer Kulturbesitz, Berlin

Die wenigen hier vorhandenen Akten aus den Franckeschen Stiftungen sind in einzelne Kapseln eingeordnet, von denen aber nur die Kapsel 33 direkt Missionsangelegenheiten betrifft.

Kapsel 33	"Amerika/Asien. Denkschriften zum kirchlichen Leben in Amerika. Mat. betr. d. dt. ev. Gemeinde in Nordamerika, Pensylvanien u.a.. Materialien zur Mission in Tranquebar."
Fasz. A	Verschiedene Stücke von und an Johann Gottlieb Adler (1713 als Missionsbuchdrucker nach Tranquebar gekommen) und Mitglieder seiner Familie.

Fasz. B - 29 Stücke	1705-1713, betr. Heinrich Plütschau (1667-1747, 1705-1711 in Tranquebar)
Fasz. C - 8 Stücke	1704-1722, betr. Ernst Gründler (1677-1720, 1708-1720 in Tranquebar) und seine Frau
Fasz. D - 4 Stücke	1718-1721, betr. Johann Heinrich Kistenmacher (1719-1722 Missionar in Tranquebar) "Interessante Missionsbriefe u. Missionsnachrichten aus London, Madras und Tranquebar"
Fasz. E 1	Brief von Nicolaus Dal (1690-1747, 1719-1747 in Tranquebar), 1720
Fasz. F - 1 Stück	lat. 12 S., betr. Bourguet, Ludow.(?), "Schrift auf Mag. E. Gründler, mit Faden gebunden"
Fasz. G - 1 Stück	aus Kopenhagen, Nov. 1717, betr. Hassius, Johann Sigismund (von 1704 bis 1716 Kommandant des OIK in Tranquebar)

Bei Fragen zur Produktsicherheit wenden Sie sich bitte an:
If you have any questions regarding product safety,
please contact:

Walter de Gruyter GmbH
Genthiner Straße 13
10785 Berlin
productsafety@degruyterbrill.com